Sabrina Leonardi • Der Lebensschlüssel

Sabrina Leonardi

Der Lebensschlüssel

Meine Reisen im Jahr der Ziege

Roman

FRIELING

Bibliografische Information der Deutschen Nationalbibliothek
Die Deutsche Nationalbibliothek verzeichnet diese Publikation in der Deutschen Nationalbibliografie;
detaillierte bibliografische Daten sind im Internet über http://dnb.d-nb.de abrufbar
© Frieling-Verlag Berlin • Eine Marke der Frieling & Huffmann GmbH
Rheinstraße 46, 12161 Berlin
Telefon: 0 30 / 76 69 99-0
www.frieling.de

ISBN 978-3-8280-2510-3
1. Auflage 2007
Umschlaggestaltung: Michael Reichmuth unter Verwendung einer Idee der Autorin und
Mario Valdivia-Manchego
Fotos von Carlos Velasquez
Sämtliche Rechte vorbehalten
Printed in Germany

Inhalt

Der Lebensschlüssel

Ein Lesensschlüssel

Ich stehe vor der geschlossenen Tür und warte.

Ich klopfe, immer wieder.

Ich hoffe, dass jemand aufmacht.

Vergeblich.

Ich höre Stimmen und Musik im Haus.

Alle sind drin.

Draußen ist es dunkel und kalt.

Ich klopfe noch einmal …, doch keiner öffnet die Tür.

Ich spüre meine Muskeln angespannt und meine Hände eisig.

Lautlos laufen Tränen über mein Gesicht.

Gedanken verfinstern meine Sinne …, warum machen *SIE* nicht auf?

Vielleicht lassen *SIE* mich absichtlich draußen.

Habe ich etwas Falsches gemacht?

Gewiss bin ich „anders" …, daher wollen *SIE* mich nicht reinlassen.

Mein Schmerz verwandelt sich in Ärger und Sturheit.

Wenn *SIE* mich nicht wollen, will ich auch *SIE* nicht.

Aber draußen ist es kalt und dunkel.

Auf einmal kommt mir die Idee: der Hintereingang!

Von dort werden *SIE* mich sicher hören.

Ich laufe um das Haus herum, mein Herz klopft und ich klopfe heftig an die Glastür.

Doch nichts.

Auch hier höre ich die Musik und laute Stimmen …, und das Lachen.

Die Lichter projizieren tanzende Schatten auf die Fenster.

Sie amüsieren sich …, ohne mich.

Da muss ich wieder dieses Gefühl der Traurigkeit ertragen, welches ich so hasse.

Es macht mich müde und verlassen.

Der Wunsch nach Rache ist so stechend wie der eisige Wind in dieser Sternennacht.

Ich will mich vor die Tür kauern und erfrieren. Das ist meine Rache!

Nein …, nein …, nein …

Ich werfe lieber Steine gegen das Fenster!

Bestimmt treffe ich damit jemanden.

Rache. Ja, ich breche ein …

Da höre ich plötzlich eine männliche Stimme hinter mir: „Guten Abend!"

Ich fühle mich ertappt.

Wie geschlagen drehe ich mich um.

Ein alter Mann mit einem dunklen Mantel und einem komischen Hut mit Schirm steht auf der anderen Straßenseite.

Das Mondlicht beleuchtet ein gerunzeltes, gespenstisches Gesicht.

Seine funkelnden Augen wirken beunruhigt.

Ich sage auch „Guten Abend", mit meiner traurigen, verärgerten Stimme.

„Es ist eine kalte Nacht", sagt der Fremde.

„Gehen Sie nicht rein?" „Ich wurde ausgesperrt", antworte ich mit gebrochener Stimme.

„*Wer* hat Sie ausgesperrt?", fragt der alte Mann, während er seinen Blick auf die beleuchteten Fenster wirft.

„Sie …, hm …, die Freunde, die ich eingeladen habe."

Der alte Mann lächelt sanft, und das irritiert mich. „ Ach, das ist Ihr Daheim", sagt er.

„Ja, das ist *mein* Daheim", erwidere ich barsch.

Natürlich versteht er nicht.

Ich muss erklären.

„Als meine Freunde ankamen, ging ich noch mal aus. Ich wollte noch was für die Feier besorgen und …"

„ … und nun warten Sie darauf, dass Ihnen jemand aufmacht?
Bei diesem Lärm wird Sie keiner hören.
Haben Sie denn keinen Schlüssel?"
„Natürlich habe ich den Schlüssel.
Ich sagte Ihnen doch eben, dass ich hier lebe."
Frechheit. Was will der denn?
„Dann", sagt er ruhig, „dann nutzen Sie doch Ihren Schlüssel."
Er lächelt geduldig, verabschiedet sich und geht weg.
„Dann nutzen Sie doch Ihren Schlüssel!", wiederhole ich laut und verärgert.
Was für eine Frechheit!
Wie?
Ich habe selber den Schlüssel in meiner Hand?

Es vergeht ein ewiger Augenblick.

„DANN NUTZEN SIE DOCH IHREN SCHLÜSSEL", hallt es in meinem Kopf und langsam begreife ich.
Mein Gott!
Ich habe die ganze Zeit die Hände in meiner Manteltasche gehabt.
Meine Finger haben die ganze Zeit *unbewusst* den Schlüssel immer wieder berührt.
Und doch bleibe ich draußen in der Kälte stehen, jammere und verfluche mich und die ganze Welt.
Ich schlage mit meiner Hand auf meine Stirn.
Wie kann ich nur so dämlich, so verwirrt verdrängen?
Warum?
Will ich die anderen nur testen, ob sie mich beachten, ob sie mich wollen, ob sie mich hören und wo ich bei ihnen stehe?
Ich laufe auf die Straße. Ich will dem alten Mann sagen … Jetzt habe ich das kapiert …, aber er ist nicht mehr in Sicht.
Und ich bleibe noch einen Augenblick unbeweglich und beobachte den Sternenhimmel und den Mond.

Langsam gehe ich um das Haus herum und stehe wieder vor der Haustür.

Da hole ich den Schlüssel aus der Manteltasche, stecke ihn in das Schloss und öffne damit meine eigene Haustür.

Die warme Luft vom Kamin und eine fröhliche, von Stimmen begleitete Musik empfangen mich und erwärmen mein Herz und meine Sturheit.

Ich bleibe wie betäubt an der Schwelle stehen und ertrage kaum, wie wohl sich meine Freunde – ohne mich – bei mir fühlen.

Sie amüsieren sich, lachen und tanzen, ohne mich …

Dann ruft Giorgio laut aus der Küche: „Endlich bist du da!"

„Wir warten schon seit einer Ewigkeit auf dich!", donnert auch Lucia aus dem Wohnzimmer.

Nach und nach merken alle, dass ich wieder daheim bin.

„Wo warst du denn? Was ist mit dir passiert?", fragen alle.

Ich lächele verlegen und flüstere „Ich habe meinen Schlüssel erst jetzt gefunden!"

Der Lebensschlüssel
Meine Reisen im Jahr der Ziege

Ich erinnere mich an das Jahr der Ziege …

… liege auf dem Gras und höre das Zirpen der Grillen, das einzige Geräusch in dieser warmen Sommernacht.

Plötzlich bläst ein frischer Wind, der meinen Körper berührt.

Ich öffne meine Augen: über mir der Sternenhimmel, der mich wie eine Decke umwickelt.

Ich sehe winzige Sterne, die wie Diamanten funkeln.

Alles scheint mir so klar.

Genau so, wie das erste Mal als ich die Unendlichkeit in mir gesehen und gespürt habe …

Was für eine unbeschreibliche Erfahrung, diese innere Reise!

Ich kann es noch kaum fassen, wie sich mein Leben in einem Jahr geändert hat.

Ein Jahr, in dem ich meine Glaubenssätze, meine Programme, meine gesamte Existenz auf den Kopf gedreht habe und den Kern, den Schlüssel meines Lebens gefunden habe.

Ein Jahr, in dem ich mein wahres ICH erlebt habe.

Das Jahr der Ziege.

So habe ich mein Leben geschmiedet …

… fünfunddreißig Jahre lang.

In der dritten Klasse erfuhr ich, dass ich im Jahr der Ziege geboren bin.

Ich erinnere mich gerne an diese wunderschönen Schulhefte von damals.

Die letzte Seite vor dem Umschlag enthält immer eine Überraschung: die Einmaleinstabelle, die Berechnungsformel des Volumens einer Pyramide, das Gewicht des größten Mannes auf der Erde …

Die Glücklichsten finden die Vorlage zum „Schiffe versenken".

Mein Schulheft in der dritten Klasse enthält die Liste der zwölf Sternzeichen des chinesischen Horoskops:

MAUS	PFERD
OCHSE	ZIEGE
TIGER	AFFE
KANINCHEN	HAHN
DRACHEN	HUND
SCHLANGE	WILDSCHWEIN

Ich habe das Heft in dem Schreibwarenladen gegenüber der Schule gekauft.

Beim Aufschlagen rieche ich den Klebstoff und blicke direkt auf die letzte Seite.

1967 ist das Jahr der Ziege und in ein paar Zeilen sind die wesentlichen Merkmale dieses Sternzeichens zusammengefasst:

„Schüchtern und introvertiert, verfolgt die Ziege beharrlich ihre Ziele und in der Regel hat sie Glück."

Die Bedeutung dieser Beschreibung ist mir völlig unklar.

Die Tatsache, dass ich im Jahr der Ziege geboren bin, begeistert mich überhaupt nicht.

14

Ich kenne schon mein Sternzeichen: Widder, und zwei Schaftiere sind mir echt zu viel.

Allerdings erleichtert mich die Idee, dass auch meine Schulkameraden „Ziegen" sind.

Seitdem ich mich erinnern kann, wollte ich mich immer in einer Schafherde verstecken.

Einfach ein Schaf unter vielen anderen sein.

Unbeobachtet bleibe ich aber nie.

Mit zehn Jahren bin ich genau so groß wie die Lehrerin und eine gute Spanne länger als meine Altersgenossen.

Das ist mir so peinlich.

Die rote Farbe meiner Locken klingt für mich wie eine verstimmte Note unter den harmonischen Tönen der hellen und dunklen Haare der anderen Kinder.

Nonno Anton – mein Opa – sagte, ich sei wunderschön, genauso wie die Tante Klara aus Köln. Sie hatte auch lange Beine, eine durchscheinende Haut und meergrüne Augen.

Nonno Anton war in Deutschland geboren und aufgewachsen.

Mit 20 begann er seine Reise durch die Welt. Im Jahr als Hitler der Führer Deutschlands wurde. Er war Maler und Philosoph.

Als Kind schaue ich mir immer das Schwarzweißfoto von Nonno Anton an, wenn ich Nonna Linda – meine Oma – besuche.

Es steht auf der Kommode im Schlafzimmer.

Sein sicherer Blick und seine starken Arme passen nicht zu seinem naiven Kinderlächeln.

Nonno Anton starb als ich sieben Jahre alt war.

Er stieg auf den Mont Blanc und verschwand unter den Gletschern.

So erzählt es Nonna Linda.

Wenn Nonna Linda von „ihrem" Anton spricht, blickt sie ins Leere, auf einen entfernten Punkt in ihrem Gedächtnis und ein enigmatisches Lächeln erleuchtet ihr Gesicht.

Ich schaue sie an und durch ihre schwarzen Augen sehe ich, wie in einem Film, die Bilder ihrer Liebesgeschichte. Eine Geschichte, die kurz vor dem Zweiten Weltkrieg anfängt.

Anton Lemme war nach Italien, in den Romagnolischen Apennin gereist, um sich die in der Region typischen hellblauen Tone anzuschauen. Diejenigen, die Leonardo da Vinci in einem berühmten Bild gemalt hatte.

Und da, in einem traumhaften, kleinen Dorf, traf er Linda und wurde von ihrer Schönheit verzaubert: Ihr Gesicht ähnelte ungeheuer stark dem der „Jungfrau der Felsen".

Linda verliebte sich beim ersten Blick in den blondhaarigen Fremden.

Und in einer warmen Sommernacht wurde ihre Liebe durch einen romantischen Kuss unter einer Sternschuppe besiegelt.

Diese zauberhafte Geschichte hat Nonna Linda unzählige Male erzählt.

Immer mit denselben Worten. Immer mit denselben Pausen. Immer mit demselben enigmatischen Lächeln. Und immer mit ihrem Blick ins Leere, auf einen fernen Punkt in ihrem Gedächtnis.

Ich höre sie an und wünsche mir auch eine Liebe, die ewig halten kann.

Einige Monate später hatten Linda und Anton geheiratet und kurz danach kam Babbo Giovanni – mein Papa – auf die Welt.

Am Tag, an dem Italien in den Krieg eintrat.

Anton verließ kurz danach das traumhafte, kleine Dorf. Zuerst versteckte er sich vor den Deutschen und dann kämpfte er in der „Resistenza" mit den Partisanen.

Fünf Jahre später kehrte er endlich zu Linda ins Dorf zurück.

Aber auch nach dem Krieg änderte sich Anton nicht.

Er war ständig auf der Suche neuer Abenteuer.

Er arbeitete einige Monate, verkaufte ein paar Bilder und verschwand wieder wochenlang.

Dreißig Jahre später brachte ihn seine letzte Reise auf den Mont Blanc, von dem er nie wieder zurückkam.

Ich habe nie erfahren, ob Nonno Anton da oben fand, was er gesucht hatte.

Im Gegensatz dazu ist Babbo Giovanni nie gereist.

Er hat nie offen gestanden, dass er sich von seinem Vater verlassen gefühlt hat.

Allerdings, nach dem Schulabschluss, übernahm er eine *feste* Stelle in der Stadtverwaltung; mit 26 Jahren heiratete er Mamma Ornella – meine Mama – und einige Monate später kam seine einzige Tochter, Chiara, auf die Welt.

Chiara bin ich.

Jeden Sommer verbringen wir unseren Urlaub in der gleichen Pension an der Adria.

Alle Jahre wieder …

Bis uns Tante Klara, kurz nach dem Tod von Nonno Anton, das erste Mal besucht.

Tante Klara verlangt direkt, dass ihre „Enkelin" Deutsch lernt und mindestens zwei Wochen im Jahr mit ihr in Deutschland verbringt.

„Anton non le ha insegnato la propria lingua materna!" – „Anton hat dem Kind seine Muttersprache nicht beigebracht", sagt Tante Klara in ihrem komischen Italienisch, „und jetzt übernehme ich diese Aufgabe. Im Endeffekt ist Chiara eine Lemme."

Ich habe Tante Klara nie verraten, was „lemme lemme"* auf Italienisch bedeutet.

Ich wollte sie nicht verletzen.

Als Kind sehe ich Tante Klara als eine große Frau, die ihre Haare immer zu einem Knoten kämmt, und Faltenröcke mit weißen Schuhen ohne Absatz trägt.

Sie hat nie geheiratet. Und sie ist stolz darauf. So wiederholt sie immer wieder.

Sie wohnt in einer sehr eleganten Wohnung in der Kölner Innenstadt mit Brokatvorhängen, Barocksesseln und vielen Porzellanpuppen, mit denen ich nicht spielen darf.

Jedes Jahr, pünktlich Mitte Juni, kommt Tante Klara und bringt mich nach Köln.

Dort sind die Schulen noch offen.

Morgens besuche ich den Unterricht und nachmittags beschäftigen wir uns mit der „deutschen Kultur": wir besichtigen Museen, gehen ins Theater und machen „Bildungsexkursionen" in die Umgebung.

Das Ganze wäre tödlich langweilig, hätte Tante Klara nicht immer eine kurze Geschichte oder eine passende Anekdote für jede Gelegenheit.

Und das finde ich sehr lustig.

Die Deutschlandaufenthalte nähren mein Gefühl, ich sei *doch* „anders" als die anderen Kinder.

Allerdings, damals, nutze ich meine Zweisprachigkeit auch gerne aus.

Vor allem im Urlaub an der Adria, wo ich die Italienerin oder die Deutsche nach Lust und Laune spielen kann.

---

* „lemme, lemme" = langsam, nach und nach.

Ich glaube, ich habe eine schöne Kindheit. Das heißt, ich erinnere mich gerne an meine Kindheit: die Spiele auf der Straße, die milden Sommerabende, die langen Lektüren draußen auf der Haustreppe und dieses Gefühl, die Welt sei perfekt.

Genau: Die Welt meiner Kindheit *ist* perfekt.

Den Gipfel erreiche ich am Tag meiner ersten Kommunion.

Am Tag von Christi Himmelfahrt.

Am frühen Nachmittag habe ich in einem kleinen Weidenkorb die Rosenblätter für die traditionelle Prozession gesammelt und gehe gerade nach Hause.

Die warme Maisonne streichelt meine Haut.

Das ist herrlich!

Ich schaue nach oben, um besser dieses Streicheln zu genießen.

Da blendet mich ein Schimmer und für einen langen Augenblick fühle ich mich leicht von einer sanften Welle getragen.

Die Grenzen zwischen mir und der Welt um mich herum verschwinden.

Wie ein Fluss, der die Uferdämme durchbricht und mit seiner ganzen Kraft das Land um sich bedeckt.

Diese warme, leuchtende Umarmung ist meine *wahre* Erste Kommunion.

In den folgenden Monaten, langsam und kaum spürbar, beschleicht mich ein unbekanntes, komisches Gefühl.

Immer häufiger höre ich eine innere Stimme, die meine Spiele unterbricht und flüstert: „Zeig dich nicht so albern. Das ist dumm, was du gerade tust. Was wird die Lehrerin von dir bloß denken …? Was wird Mamma sagen …? Deine Freundinnen werden nicht mehr mit dir spielen wollen …!"

Diese innere Stimme macht mir bewusst, dass ich einsam bin, von allem und allen ausgegrenzt.

Langsam wächst in mir das Gefühl, dass die „Anderen" mich beobachten.

Pausenlos.

Nur in meinem Zimmer, wenn die Tür zu ist und Mamma mit ihrer Hausarbeit beschäftigt ist, fühle ich mich frei …

Irgendwann beobachten mich die „Anderen" nicht mehr nur, sondern beurteilen mich auch entsprechend.

Die Welt ist jetzt in zwei Gegenpole zerbrochen, in Schwarz und Weiß.

Wenn ich mich dumm zeige, kann ich nicht mehr intelligent sein; wenn ich böse bin, kann ich nicht mehr gut sein. Am liebsten zeige ich mich immer häufiger, wie die „Anderen" es erwarten.

Dann habe ich weder in der Schule noch zu Hause Probleme.

Das fällt auf …

Bei der Grundschulprüfung lobt die Lehrerin meine Vernunft und meine Urteilsreife.

Da wird es mir klar: diese innere Stimme, die meine Impulse bremst, wird als *gut* betrachtet.

Das ist eine gute Pflanze, die ich kultivieren und wachsen lassen soll.

Der Stolz von Babbo Giovanni und Mamma Ornella tut den Rest. „Erinnere dich Chiara, dass du sehr weit kommen kannst, wenn du es nur willst."

Dieser Satz von Babbo Giovanni bleibt in meinen Gedanken hängen.

Ich weiß nicht genau, was er damit meint. Und anstatt ihn zu fragen – ich will mich nicht dumm zeigen – interpretiere ich.

Für mich bedeutet das, ich soll die Erwartungen von Babbo und Mamma erfüllen.

Dann werden sie mich weiter lieb haben.

Und da ich ein intelligentes und waches Kind bin, gehe ich in meinen

Gedanken noch einen Schritt weiter: Wenn ich die Erwartungen von allen „Anderen" erfülle, *dann* werden *alle* mich lieb haben.

Logisch, nicht wahr?

Mit der Pubertät verabschiede ich mich endgültig von meiner Spontaneität und meinem Clownscharakter. Von meinen Tricks und meinen Verkleidungen, die Nonno Anton so sehr amüsiert hatten.

Ich identifiziere mich immer mehr mit meiner Vernunft. Und ich passe mich an die Rolle des braven Mädchens an.

Ab jetzt muss ich sehr vorsichtig sein.

Einem braven Mädchen wird nicht erlaubt, sich zu blamieren und noch weniger werden ihm Fehler gestattet.

Ich fühle mich einsamer und einsamer. Ich brauche Liebe, und ich brauche Bestätigung. Und dadurch hänge immer mehr von der Anerkennung der anderen ab.

Die Erwartungen der ANDEREN erfüllen …, das wird mein Hauptziel.

Mit dreizehn Jahren fühle ich mich bereits wie eine Schauspielerin auf der Bühne. Die Lichter gehen aus.

Ein einziger Scheinwerfer ist auf mich gerichtet.

Mich, die Schauspielerin, die ein Theaterstück spielen soll. Ein Theaterstück für *ihr* Publikum.

Ein Schauspieler auf der Bühne sieht nie seinen Zuschauer in die Augen.

Er glaubt, er kann ihre Reaktionen spüren. Aber der verdammte Scheinwerfer hindert ihn, jemanden jenseits der Bühne zu sehen.

Wie ein Schauspieler werde ich bewertet und beurteilt. Auf der Bühne gibt es nur Applaus oder Pfiffe.

Hier oben fühle ich mich gezwungen und gleichzeitig meinem Publikum überlegen.

Das ist die Idee der romantischen Literatur: „ein großartiges Herz soll einen großen Schmerz ertragen können …"
Ich verliebe mich so in meine Einsamkeit.

Ich baue mir eine unerreichbare goldene Festung, hinter der meine Gefühle, mein wahres *Ich*, versteckt bleibt.
Den „Anderen" zeige ich ab jetzt nur die glitzernde Fassade.
Ich zeige nur meine Vernunft, meine Reife, meine Ausgeglichenheit.
Und meine Unsicherheit, meine Abhängigkeit, meine Träume bleiben schön in der Festung gefangen.
Die Welt, wie sie ist, will ich nicht mehr sehen.

In der achten Klasse trage ich meine erste Brille.

Ich arbeite so gut an der Fassade, dass meine Festung immer brillanter wird.
Die Bewunderung meines Publikums steigt an.
Die Lehrer loben mich, meine Eltern sind stolz auf mich, die Freunde bitten mich um Ratschläge. Ich treffe sogar einen Jungen, Matteo, der mich verehrt.
Allerdings lasse ich keinen in mein Schloss rein.

Niemand darf rein.

Drin bleibt eine Seite von mir, die ich nicht zeige. Die mir selber unbekannt wird und vor der ich Angst habe.
Lieber identifiziere ich mich mit meiner Rolle. Lieber glaube ich daran.
Ich bin *doch* das brave Mädchen. Ich bin *wirklich* die makellose, perfekte Frau. Mir geht es immer gut, ich kann alles wunderbar beherrschen.

Wieso weine ich dann leise, wenn ich im Bett bin? Warum schreibe ich in meinem Tagebuch immer wieder, dass ich mich so traurig und leer und einsam fühle?

Ach! Das sind nur dumme, vorübergehende Gefühle! Und ich bin so ein sensibles Mädchen …

Nach dem „perfekten" Abitur, das mich weiter von der Welt entfernt hat, will ich endlich mit meinem Leben anfangen und eine Arbeit suchen.

Aber – das merke ich schnell – diese Entscheidung passt nicht zu meiner Rolle.

„Du bist so gut …, du bist so intelligent …, es wäre so schade, wenn du deine Fähigkeiten nicht entfalten würdest …", höre ich immer wieder.

Ich soll weiterhin Erwartungen erfüllen, das Liebste wäre, ich studierte!

Die innere Stimme flüstert: „Enttäusche das Publikum nicht. Überrasche es."

Trotz meiner Liebe für die Literatur und die Poesie entscheide ich mich für Physik.

Diese Wahl überrascht wirklich alle … mich auch!

Ich weiß es ganz genau, das ist nicht mein Weg. Das passt überhaupt nicht zu mir.

Jedoch strenge ich mich an und schaffe es!

Mittlerweile erlebe ich mich nur, wenn ich mich anstrenge.

Mit vierundzwanzig Jahren – blass und erschöpft – aber mit einem Diplom „summa cum laude" in Physik, wird auf einmal die Laufbahn meines Lebens komplizierter.

Nach einem erfolgreichen Studium werden Karriere und Geld erwartet.

Jedoch werden von einer Frau auch ein Ehemann, ein glücklicher Haushalt und Kinder erwartet.

Es ist immer so gewesen.

Was nun?

Ich habe mich für die Erwartungen des Publikums programmiert.

Und, auf einmal, wissen die „Anderen" nicht mehr so genau, was sie wollen.

Diese Unsicherheit schwächt meine innere Stimme.

Die Lust auf Leben wärmt mir das Herz.

Die Idee, dass ich doch meinem Instinkt folgen kann, dass ich einfach LEBEN kann – ohne Erwartungen und ohne Mühe – macht mich stark und für das erste Mal treffe ich eine Entscheidung … für mich!

Ich laufe weg.

Weg vom Publikum.

Weg von der Familie, von den Freunden, von den Bekannten …

… weit weg darf ich endlich *mein Leben* erleben!

Ich ziehe zu Tante Klara nach Köln.

Ich sage meinen Eltern, dass ich Zeit für mich brauche.

Ich schaffe über 1 000 Kilometer Entfernung zwischen Matteo und mir, und so finde ich den Mut, eine mittlerweile nur scheinbare Beziehung endgültig zu beenden.

Allerdings verwechsele ich das Leben mit dem Versteckspiel.

Und auf der Flucht merke ich nicht, dass ich einen Koffer voll mit lautlosen Beschuldigungen mitgenommen habe.

Wieso hast du uns verlassen?

Beschuldigungen, die sich später in Heimweh verwandeln.

Wie hätte alles anders laufen können, wenn …

In Köln tauche ich ins Leben ein.

Ich ziehe die dicke Winterkleidung aus und genieße meinen Sommer. Endlich fühle ich mich frei.

In Deutschland kennt mich keiner, ich kann von Null neu anfangen.

Frei, endlich frei.

Ich arbeite als Führerin italienischer Touristen, ich gehe spazieren, ich schreibe Gedichte.

Ich erlebe jeden Augenblick, tanze im Kreis des Lebens und alles ist auf einmal so einfach und so schön!

Die Flucht endet, allerdings, mit einer neuen Sperrung.

Einige Wochen später erzählt mir Tante Klara vom Physikalischen Institut in Bonn.

Dort wird ein wissenschaftlicher Mitarbeiter für eine deutsch-italienische Kooperation gesucht.

Tante Klaras Ton ist beruhigend: „Herr Professor Stolzenberg sagte mir, es handele sich um einen sechsmonatigen Vertrag. Nur sechs Monate!", unterstreicht sie.

Ich spüre die Gefahr. Als ob ein Ex-Alkoholiker auf einen einmaligen Saufabend eingeladen würde.

Jedoch will ich Tante Klara nicht enttäuschen.

Meine innere Stimme flüstert ganz leise: „Im Endeffekt bin ich Gast bei ihr. Und es sind immerhin nur sechs Monate".

Zwei Wochen später unterschreibe ich den Vertrag mit der Universität Bonn.

Hier treffe ich Kollegen und Vorgesetzte, die mich um meine Beharrlichkeit und meine Willensstärke bewundern.

Die innere Stimme wird nach und nach lauter und ein halbes Jahr später verwandelt sich der sechsmonatige Vertrag in eine auf drei Jahre befristete Stelle.

Ich unterschreibe und ziehe nach Bonn.

Herr Professor Stolzenberg ermutigt mich, er spornt mich an, ich solle *unbedingt* weitergehen.

Seine Worte „Karriere, Erfolg, nach oben steigen" vermischen und verschmelzen sich mit denen von Babbo Giovanni … „Erinnere dich Chiara, dass du sehr weit kommen kannst, wenn du es nur willst."

Ich kann es schaffen, ich *soll* es schaffen.

Dann werden mich alle lieb haben, dann werde ich endlich mein Glück finden.

Tausend Kilometer weit entfernt finde ich erneut ein Publikum.

Die Gesichter sehen anders aus, aber die Anforderungen bleiben dieselben.

Erneut packe ich meinen Instinkt weg, und stelle mein Leben in die zweite Reihe.

Die neuen Freunde – wie die alten – finden mich vernünftig und ausgeglichen und bitten mich um Rat. Einen Mann – Marco – der mich verehrt, finde ich auch.

Innerhalb von zwei Jahren sieht meine neue Welt in Deutschland genauso aus wie die alte in Italien.

Wie konnte es nur geschehen?

Mittlerweile habe ich nur einen Gedanken im Kopf.

Wenn ich nach oben komme, habe ich es geschafft. Danach kann ich mit meinem Leben anfangen.

In der Zwischenzeit soll ich mich aber *anpassen*.

Widerwillig passe ich mich einer anderen Sprache an: *Ich liebe Italienisch!*

Ich passe mich einer anderen Kultur an, für die ich kein Interesse habe. Ich passe mich dem Wetter an: *Ich liebe die Sonne und das Meer!* Und ich passe mich den kleinen Tyranneien von Kollegen und Vorgesetzten an: *Ich hasse Ungerechtigkeit!*

Wieso dann tue ich das?

Ich passe mich an und glaube sogar, es sei normal.

Alles in perfekter Ordnung.

Ich passe mich an und schlucke täglich eine gute Dosis Frust und Ohnmacht runter.

Das bleibt nicht ohne Konsequenzen.

Am Tag meiner Hochzeit mit Marco merkt meine unverheiratete Friseurin, dass meine Schilddrüse ungewöhnlich groß aussieht. Ich lächele. Aber ab diesem Tag schaue ich immer auf den Hals der anderen Frauen und vergleiche, ob es wirklich so ist.

Es ist wirklich so!

Nach meiner Promotion brauche ich eine neue Brille, denn meine Augen sind ungeheuer schwach geworden. Ich spüre große Angst.

Ich will nicht von meiner Brille abhängig sein!

Allerdings bleibe ich ruhig und überzeuge mich, dass es alles nicht so schlimm ist.

Mit Ende 20 sind meine Blutwerte so gesunken, dass ich regelmäßig Eisenpräparate einnehmen muss.

Ich fühle mich nur müde. Am liebsten würde ich den ganzen Tag schlafen.

Mir ist klar, dass etwas nicht in Ordnung ist, dennoch verdränge ich alles schön.

Ich würde so gerne meinem Körper befehlen, er solle sich auch anpassen. Leider hat mein energischer Wille über ihn keine Macht.

Ich zeige mich weiterhin stark, fröhlich und positiv eingestellt.

In einer von Männern beherrschten Welt verliere ich auch das Bewusstsein, ich sei eine Frau.

Mamma Ornella erinnert mich daran. Am Tag meines 30. Geburtstags. Mit einer völlig harmlosen Frage am Telefon: „Und wann willst du ein Kind bekommen?"

Auf der anderen Seite der Leitung falle ich aus allen Wolken.

Ich habe noch nicht ernsthaft dieses Thema weder mit Mamma noch mit Marco „angefasst".

Mamma Ornella setzt fort: "Aber du weißt es doch Chiara: eine Frau sollte ihr erstes Kind noch vor ihrem 30. Geburtstag gebären …, das sagen alle Ärzte im Fernsehen …, wir alle haben eine biologische Uhr, die wir auch respektieren sollen …, dann kommen keine Kinder mehr …, und wie kann man überhaupt ein Kind erziehen, wenn der Alterunterschied so groß ist?"

Ich finde Mammas Rede übertrieben und lache vergnügt am Telefon.

Und doch schleichen sich ihre Worte in meine Gedanken ein.

Von einer Frau wird doch erwartet, dass sie Kinder bekommt.

Mist!

Ich soll mein Drehbuch erneut korrigieren.

Erneut meine Rolle dem Publikum anpassen.

Ich denke und denke und denke.

Und ein paar Monate später habe ich mich völlig überzeugt:

Ich soll UNBEDINGT ein Kind gebären.

Frauen wollen immer ein Kind.

Es bleibt *nur* ein kleines Problem offen. Wie kann ich mich um ein Kind kümmern, zwölf Stunden am Tag arbeiten, Tagungen besuchen und weiterhin wissenschaftliche Artikel schreiben?

Meine männlichen Kollegen können mir dabei nicht helfen.

Diejenigen mit Familie und Kindern, haben auch eine Ehefrau daheim.

Aber ich schaffe es schon. Ich bin doch anders. Ich werde allen zeigen, wie gut ich bin …

Einen Abend spreche ich Marco an: „Ich wünsche mir ein Kind!", verschweige ihm dabei meine innere Qual und vor allem, dass diese Idee nicht meine eigene ist.

Marco ist gerührt und umarmt mich: „Wirklich?", fragt er leise.

Er wünscht sich auch ein Kind, er möchte es mir schon seit langem sagen, fürchtete aber meine Reaktion, denn die Karriere scheine so wichtig für mich zu sein.

„Ich werde meine Arbeit an der Uni fortsetzten", verlange ich direkt.

„Mach dir keine Sorgen, Chiara. Wir werden schon eine Lösung für alles finden", beruhigt er mich.

„Eine Lösung für alles", dieser Satz gefällt mir.

Ich höre ihn immer wieder in Kinofilmen. Und auf der Leinwand funktioniert es auch.

Außerdem habe ich Marco deswegen ausgewählt, weil er mir ein Gefühl der Sicherheit vermittelt.

Er wird schon immer wissen, was Sache ist. Auf ihn kann ich mich verlassen.

Ab jetzt stürze ich mich, Körper und Seele, auf das nächste Ziel.

Obwohl ich immer noch nicht weiß, ob ich mir überhaupt ein Kind wünsche.

Wahrscheinlich eben nicht, denn ich „sammele" zwei Fehlgeburten binnen eines Jahres.

Mit 31 fühle ich mich alt und unpassend. Und – vor allem – genervt.

Ich habe immer alles erreicht, was ich wollte und jetzt gelingt es mir nicht.

Kein Kind will von mir geboren werden!

So eine Unverschämtheit!

Weder meine Intelligenz noch meine Beharrlichkeit können mir dabei behilflich sein.

Trotzig überzeuge ich mich, dass ohne ein Kind mein Leben keinen Sinn mehr hat.

Ich will ein Kind!

In der Zeit danach errechne ich meine Fruchtbarkeitsperiode, kaufe Elternzeitschriften und mache Yoga. Ich besuche mehrere Kurse. Ich lerne meinen Körper zu entspannen und komme in Harmonie mit mir selbst. Indem ich meinen Ärger mehr und mehr verdränge.
Bleib ruhig ..., atme tief ein ..., zähl bis zehn.

Meine Überzeugungskraft ist so stark, dass diesmal mein Traum in Erfüllung geht.

Ein Jahr später – nach einer schmerzhaften Geburt – kommt Luca auf die Welt. Und ich erlebe eine himmlische Zeit.
Mit Luca entdecke und genieße ich jeden Tag neue Emotionen: Zärtlichkeit, Entspannung, Fröhlichkeit und vor allem das Gefühl, die Welt sei perfekt.
Ja, die Welt ist wieder in Ordnung. So wie sie ist.
Ich fühle mich froh und leicht und erfüllt.
Das scheinbare Glück ist – auch diesmal – nicht von Dauer.
Ein halbes Jahr später trete ich wieder in meinen alten Rhythmus ein, mit doppeltem Druck.
Ab jetzt soll ich die gleiche Leistung erbringen, habe allerdings weniger Zeit.

Meine innere Stimme wird lauter.
Sie schubst mich und rennt ständig hinter mir her. Sie sagt mir, ich solle mehr tun und immer schneller. „Es reicht nicht", ist mein täglicher Gedanke.
Die Anerkennung reicht nicht, das Geld ist nicht genug, die Zeit ist knapp.
Ich renne und tue alles.
Ich will weiterhin jedem *unbedingt* gefallen, jeden befriedigen: die Arbeit, die Familie, die Freunde, sogar die Freizeit. Mittlerweile gibt

es unzählige Sachen die *absolute* Priorität in meinem Leben haben, so dass es mich nicht mehr gibt.

Ich fühle mich immer mehr entfremdet und erschöpft.

Mein Körper schreit lautlos und blutet.

Meine Periode spielt verrückt, meine Haare fallen aus und ich kann meine Angst nicht mehr verdrängen.

In Panik renne ich zum Facharzt, zu mehren Spezialisten –Gynäkologie, Innere Medizin, Nuklearmedizin, Untersuchungen, Ergebnisse, Diagnose:

„Ihr Blutbild ist nicht in Ordnung. Es wurde eine Hormonstörung festgestellt. Die Ergebnisse deuten darauf hin, Sie könnten frühzeitig in die Wechseljahre kommen. Ihre Schilddrüse ist überlastet. Sie leiden unter einer Autoimmunkrankheit."

Das heißt mein Körper zerstört sich von selbst. Ist das möglich?

Ich fühle mich noch einsamer und verlassen. Denn kein Arzt kann mir wirklich helfen.

Das einzige Heilmittel sind Pillen. Ein Medikament für jedes Symptom.

Ich soll mich nur daran erinnern: eine Tablette beim Frühstuck, eine nach dem Mittagessen, eine vor dem Einschlafen.

Das kann nicht die Lösung sein!

Inzwischen bin ich Mitte Dreißig und das Gespenst des Älterwerdens rückt näher.

Ich darf nicht alt aussehen!

Ich deklariere den freien Radikalen den Krieg und schlucke zusätzlich Vitamine.

Der Drogeriemarkt wird mein Lieblingsgeschäft: Vitamin A für die Augen, Vitamin B für das Blut, Vitamin C kann der Körper nicht genug speichern, Vitamin D für die Knochen, Vitamin E für die Haut.

In Lebensmitteln sehe ich nur Gift und kaufe ab jetzt nur im Bioladen.

Eine teure Angelegenheit!

Ich fühle mich im Wirbel meiner Angst eingefangen und renne weg. Immer schneller. Aber egal wie schnell ich bin, dreht sich die Welt noch schneller als ich.

Mit 35 fühle ich mich fertig, ausgepowert. Atemlos. Ich habe den Eindruck, zu ersticken: „Haltet die Welt an, ich will aussteigen!"

Unbeweglich …

… liege ich auf dem Praxisbett und höre die Worte des Arztes: „Die Schilddrüse ist mäßig vergrößert. Schauen Sie mal hier: es gibt eine verstärkte Vaskularisation, typisch für eine Autoimmun-Thyreoiditis."

Der Raum ist dunkel; das einzige, schwache Licht kommt vom Rechnerbildschirm. Herr Dr. Dr. Thiesen macht gerade das Ultraschallbild meiner Schilddrüse. Ich spüre das kalte Metall, das sich auf meinem Hals bewegt und erstarre.

„Sie müssen *unbedingt* die hormonelle Therapie fortsetzen."

So fällt der medizinische Urteilsspruch.

Eine Pille pro Tag beim Frühstück.

Unbedingt.

Während ich die Bluse wieder zuknöpfe, protestiere ich leise.

Es sind über zwei Jahre vergangen, seitdem ich mit der hormonellen Therapie angefangen habe und ich habe keine spürbare Verbesserung erlebt. Meine Blutwerte haben sich zwar gebessert, aber müde und erschöpft fühle ich mich immer noch.

Inzwischen habe ich keine Lust mehr auf Medikamente.

Herr Dr. Dr. Thiesen macht das Licht an, setzt sich auf den Hocker neben mich und schaut mich ernsthaft an: „Frau Dr. Lemme, *wir* sollen die Situation unter Kontrolle behalten. Sie sind erst fünfunddreißig Jahre alt."

Erst 35 … Was meint er damit?

„Die Lage hat sich nicht verschlechtert. Das ist das Wichtigste!"

Nicht schlechter. Aber auch nicht besser. Nicht Tod, aber auch nicht Leben …

Unbeweglich.

„Kommen Sie, Frau Dr. Lemme, Kopf hoch!", lächelt jetzt der Arzt. „Nehmen Sie die Hormontabletten weiter und es wird alles gut gehen."

Er ermutigt mich jetzt. Sein Ton ist beinah väterlich geworden, obwohl er nur einige Jahre älter ist als ich. Ich fühle mich in die Ecke gedrängt. Ich habe gelernt, dass Ärzte *immer* Recht haben.

„Aber, wie lange wird die Therapie noch dauern?" frage ich mit immer leiserer Stimme.

„Ich schätze fünfzig, vielleicht sechzig Jahre", antwortet er und lacht vergnügt dabei. Von seinen eigenen Wörtern amüsiert.

Das Neonlicht spiegelt sich auf seinem weißen Kittel und seinen blonden Haare wider. Sein Gesicht sieht gespenstisch aus. Sein Lächeln hat sich in ein grausames Grinsen verwandelt.

„Wie bitte?", flüstert meine ungläubige Stimme.

„Frau Dr. Lemme!", Herr Dr. Dr. Thiesen lacht nicht mehr. „Man wird nicht von Autoimmunthyreoiditis geheilt. Die Medizin kann nur die Krankheitsdegenerierung verhindern."

Mein Herz bleibt einen langen Augenblick stehen.

Unbeweglich.

Ich bin schockiert. Ich frage nicht, was er mit „Krankheitsdegenerierung" meint. Ich will es gar nicht wissen.

Ich bin unheilbar krank! Und er lacht dabei!

„Aber versinken Sie nicht in traurigen Gedanken", lächelt der Arzt wieder. „Denken Sie lieber an Ihre Forschung …, oder an Geschwister für Ihren Sohn. Übrigens, wie alt ist Luca jetzt?" „Drei Jahre", antworte ich automatisch.

„Höchste Zeit für ein Geschwisterchen!"

Ja, ein Geschwisterchen für Luca. Oder, noch besser, ein Schwesterchen. In der Tat ist dies mein neues Programm. Mein neues Ziel.

Jedes Kind braucht Geschwister.

Ich sollte es doch wissen, denn ich bin selber ein Einzelkind.

Die Arztstimme unterbricht meine Gedanken: „Frau Dr. Lemme, kommen Sie in sechs Monaten für die Vorsorgeuntersuchung wieder. Auf Wiedersehen!"

Herr Dr. Dr. Thiesen begleitet mich in den Wartesaal und verabschiedet sich mit einem kräftigen Händeschütteln.

Die Tür schließt sich hinter mir.

Ich ziehe den Mantel an und betrachte die Patienten im Wartesaal.
Wie viele von ihnen haben, so wie ich, eine unheilbare Krankheit?
Ich schüttele den Kopf, um meine langen Haare vom Mantelkragen zu befreien und meine Gedanken loszuwerden.
Ich erreiche die Tür, grüße alle nett und gehe aus dem Zentrum für Nuklearmedizin.

Draußen ist ein eisiger und trauriger Januartag.
Die Sonne kommt ab und zu hinter den Wolken hervor, mit einem schwachen, kalten Licht.
Ich bummele durch die Stadtgassen.
Die Geschäfte haben ihre schönen Weihnachtsdekorationen verloren. Überall nur Rabatt-Schilder. Die kahlen Bäume auf dem Münsterplatz sehen wie Skelette aus.
So leer und traurig fühle ich mich auch …
Unheilbar krank!

Auf dem Weg schalte ich meine Gedanken – meine Beschäftigungsprogramme – an.
Ich hole Luca um vier Uhr vom Kindergarten ab und habe mir den ganzen Nachmittag frei genommen. Eine Stunde für mich alleine. Zeit für mich: und was mache ich jetzt? Nach Hause? Nein, es lohnt sich nicht.
Ich könnte den Winterschlussverkauf nutzen.
Oh nein, im Augenblick habe ich wirklich keine Lust. Damals gingen Marco und ich immer ins Café Cartoon.
Das Café ist hier um die Ecke.

Ich gehe hinein.

Die warme, verrauchte Luft umarmt mich und ich tauche wieder in die Vergangenheit ein.

Ich setze mich an den Ecktisch neben dem Fenster.

Unser Tisch.

Ich schaue mich um.

Ich bin seit drei Jahren nicht mehr hier gewesen und das Lokal hat sich kaum verändert. Die Wände sind immer noch rappelvoll mit Bildern unterschiedlicher Größen. Die Atmosphäre ist genauso gemütlich und vertraut geblieben.

Eine junge Kellnerin, blond und mit einem Pferdeschwanz, kommt an meinen Tisch.

„Was nehmen Sie?", fragt sie mich.

„Einen Milchkaffee", antwortete ich mit verträumter Stimme.

Den Milchkaffee habe ich damals so gerne getrunken …

„Noch einen Wunsch?" „Nein … Ja! Ich nehme noch eine Waffel mit Eis und Sahne."

Das ist ja eine Rache. Ich muss schließlich meine „Nicht-Verschlechterung" feiern. Mein Hängen zwischen Leben und Tod.

Unbeweglich.

Ich nehme die Brille ab und lege meine kalten Hände auf meine Stirn und Augenlider.

Ich fühle mich wie ein abgetriebenes Boot, der Welt ausgeliefert.

Macht das Leben einen Sinn?

Wenn ich die Augen wieder aufmache, zeigt das Lokal schattierte Ränder.

Ohne Brille sieht alles anders aus.

Die Tische sind von einem diffusen Licht beleuchtet und ich unterscheide kaum die Figur der Kellnerin an der Theke. Auch draußen, auf der Straße, sieht alles unscharf aus.

Mein Blick richtet sich auf die Brille. Ich nehme sie in die Hand. Bei dieser Entfernung sehe ich sie klar. Ich beobachte die Fassung: Rubinrot mit Smaragdgrünen Nuancen.

„Sie passt zu Ihrer wunderbaren Haar- und Augenfarbe", hat mir der Optiker vor einigen Monaten zugeflüstert. Sein Kompliment hat mich überzeugt und ich habe die Brille gekauft.

Ich brauche immer die Bestätigung der „Anderen" …
Meine Brille …
Ohne meine Brille kann ich nicht klar sehen und ich habe mich immer nach einer klaren Sicht gesehnt!

Die erste Brille wurde mir einige Monate nach meiner ersten Menstruation verschrieben.

Damals habe ich ungeduldig auf mein Frauwerden gewartet. Ich habe davon geträumt, mich in einen wunderbaren Schwan zu verwandeln. Ich habe vom Aschenputtelprinzen geträumt. Von einem Mann, der alle meine Träume verwirklicht. Jemandem, der mir endlich das ewige Glück schenkt.

Was ich in der Tat erlebte, war ein tiefes Gefühl der Verlegenheit und der Unangemessenheit.

Das Frauwerden hat mir nichts Wunderbares gebracht. Hingegen mich etwas Wertvollem für immer beraubt.

Als Kind spürte ich eine ausgesprochene Leichtigkeit in mir.

Und jetzt, als junge Frau, reflektiert der Spiegel einen zu kleinen Busen, zwei zu dünne Beine und ein Gesicht mit zu vielen Sommersprossen.

Das bin nicht ich!

Allerdings kann ich die Situation nicht ändern und nach ein paar Jahren lasse ich meine Träumerei fallen und akzeptiere widerwillig mein Spiegelbild.

Außerdem finden mich die Jungen anziehend und die Mädchen beneiden meine Modellfigur … Was suche ich denn? Reicht das alles nicht?

„Einmal Milchkaffee und Waffel."

Die Kellnerinnenstimme bringt mich wieder ins Bistro.

„Danke!", lächele ich und suche ihre Bestätigung.

Das blonde Mädchen hat sich aber bereits umgedreht.

Ich setze die Brille auf und hole mir von der Wand die Tageszeitung.

Was ist heute in der Welt passiert?

Ich trinke den Milchkaffee, esse die Waffel und blättere die Zeitung durch.

Keine Nachricht scheint mir wirklich interessant.

Einige Minuten später lese ich schon die Kleinanzeigen.

Koch/Köchin auch erste Erfahrung gesucht ...; 26 Jahre, 1,68 m groß, 60 Kilo sucht ihn brillant und sensibel ...; Apartment, 30 m², Bachstraße ...; willst du deine Zukunft erfahren? Oder magst du lieber in dich reisen und bewusst in deiner Zukunft landen? Ruf die Hexe Ines an ...

Ruf die Hexe Ines an ...

Amüsiert lese ich die Annonce noch einmal. *Gibt es im 21. Jahrhundert noch Hexen?*

Hexen ...

Hexen haben mich von jeher fasziniert. Sie wissen alles und fürchten sich vor nichts.

Hexen ...

Wie mag die Hexe Ines gekleidet sein? Hat sie dann wirklich eine echte Höhle? Gibt es einen Zaubertrank für die innere Reise?

Ach, was für ein Quatsch!

Ich trinke den Milchkaffee aus und nehme wieder das Lokal wahr: die Stimmen, das Rauchen, die Geschirrgeräusche. Dann schaue ich auf die Uhr. Kurz vor vier.

Es ist spät.

Ich bezahle, ziehe den Mantel an und gehe hinaus.

Draußen auf den Straßen ist viel Betrieb. Die vielen Lichter und die Hektik der Menschen beschleunigen den Rhythmus meiner Gedanken.

Das Auto ist nicht weit. Ich komme noch rechtzeitig in den Kindergarten. Und Brot soll ich noch einkaufen …

Magst du lieber in dich reisen?

Die Hexe Ines!

Nein! Nein! Nein!

Ich schiebe den Gedanke weg. Ich bin eine vernünftige, erwachsene Frau.

Sicher würde ich gerne in mich reisen.

Ich würde gerne mein emotionales Chaos endlich in Ordnung bringen; ich würde gerne wissen, ob das Leben einen Sinn hat; ich würde gerne den Schlüssel meines Lebens finden.

Ich gucke nervös auf die Uhr.

Warme Schauder durchqueren meinen Rücken und meine Beine, die auf einmal ganz weich werden.

Wenn ich jetzt noch ins Café zurückgehe, schaffe ich es nicht.

Ich drehe mich plötzlich um, renne und stürme ins Café Cartoon.

„Haben Sie was vergessen?", fragt mich die blonde Kellnerin.

„Ja, eine Telefonnummer: haben Sie einen Kuli?" Ich greife schnell die Zeitung.

Mensch, es ist spät! Aber wo ist die Seite? Ach, endlich …, es war hier unten rechts …, Informatik …, Ingenieur …, INES!

Auf einer Serviette notiere ich eine Bonner Rufnummer und lasse sie in meine Handtasche fallen.

Auf einmal fühle ich mich ganz glücklich. Wie eine Teenager, die gerade die Rufnummer von einem hübschen Jungen bekommen hat.

Ich grüße fröhlich und dankbar die junge Kellnerin, die mich perplex anschaut und laufe weg.

Ich treffe eine Hexe …

… am Samstag.

Ich sitze auf dem Sofa, gähne und aale mich dabei in meinem meergrünen Morgenmantel, den ich von meinem Mann zu Weihnachten geschenkt bekommen habe.

Ich fühle mich wie eine Schildkröte in ihrem Haus: sicher und geborgen.

„Wir sind fertig. Willst du wirklich hier bleiben, Chiara?", sagt Marco.

In seiner Stimme spüre ich einen leichten Vorwurf.

„Jaaa! Ich habe mich schon mit Carmen in der Stadt verabredet."

Das dritte Mal, dass ich es heute morgen wiederhole!

Mein Mann quält mich weiter: „Mutti wird denken, dass du sie nicht magst."

Mutti.

Meine Schwiegermutter hat uns zum Mittagessen eingeladen.

Sie wohnt auf dem Land mit Red, einem riesigen, rothaarigen Kater, zwei Kaninchen und einem Goldfisch.

Fühlt sie sich einsam?

„Mutti denkt es sowieso", lächele ich und stehe auf.

Ich küsse meinen Mann leicht auf die Lippen und unterbreche damit die Diskussion.

Dann ist Luca an der Reihe: „Warum kommt Mama nicht mit uns?", fragt er mit seiner süßen, vorwurfsvollen Stimme.

Er lässt sich bestimmt nicht von einem Kuss überzeugen.

„Ich ha-be ei-ne Ver-ab-re-dung mit Car-men", ahme ich die Stimme seines Lieblingsroboters nach.

„Dann darf ich die Pistole und das Schießgewehr mitnehmen!", erpresst mich mein Sohn.

„Nimm Pistole und Schießgewehr mit, aber erschrecke keinen, vor allem nicht die Oma", erwidere ich kurz.

„Yuhuuu!", schreit er glücklich und verschwindet wie ein Blitz in sein Zimmer.

Einige Minuten später ist das Haus ungewöhnlich ruhig und still.
Ich trete in die Dusche und bedanke mich innerlich bei Carmen für ihren Anruf.
Die Sonne scheint heute.
Ich kann doch in die Stadt gehen.
Ich betrachte mich im Spiegel und ausnahmsweise mag ich heute morgen, was ich darin sehe.
Als Dankeschön schminke ich mir die Lippen und die Wimpern.

Im Flur denke ich an den Wochenendeinkauf und schreibe das Wesentliche auf: Brot, Milch, Eier, Obst.
Morgen sind wir bei Sylvia und Raoul eingeladen.
Ich lege die Einkaufsliste in meine Handtasche und gehe aus.

Der Himmel ist klar und wolkenlos, die Luft noch eisig kalt.
Auf dem Weg lasse ich meine Gedanken frei. Immer noch Beschäftigungsprogramme.
In die Stadt laufen tut mir bestimmt gut, ich mache nur einmal Sport in der Woche, wenn ich Zeit habe. Das ist zu wenig ... Carmen, hingegen ...
Carmen geht immer ins Fitnessstudio.
Aber sie hat keine Kinder.
Carmen ...
Wann sind wir uns das letzte Mal begegnet?
Ach ja! Die Weihnachtsfeier.

Ein Lächeln breitet sich auf meinem Gesicht aus.
Vor meinen geistigen Augen sehe ich Carmen mit einem sehr kurzen und sehr engen, roten Satinkleid, während sie einen Flamenco auf dem Tisch improvisiert.

Seitdem ist eine Ewigkeit vergangen.

Ich blicke auf die Uhr. Kurz vor zwölf. Die Verabredung ist um halb eins.

Ich kaufe lieber jetzt ein. Dann brauche ich keine Tüten auf dem Rückweg zu tragen.

Es gibt ein Lädchen hier um die Ecke. Ich ziehe bereits die Einkaufsliste aus der Tasche.

Ines Tel. 0228 …

Die Hexe!

Ich halte an.

Ines … Ines hatte ich völlig vergessen.

Und nun? *Soll ich sie anrufen? Und dann, was sage ich ihr? Dass ich in mich reisen möchte?*

Unsinn.

Ich will am liebsten meinen Kopf in meinen Panzer zurückziehen.

Dann verführt mich die Idee, dass heute Samstag ist. Vielleicht brauche ich nicht aus dem Versteck herauszukommen.

Am Wochenende ist sie bestimmt nicht im „Büro" …, aber, es gibt sicherlich einen Anrufbeantworter mit Informationen, vielleicht mit den „Sprechstunden". Ja …

Erleichtert hole ich das Handy und wähle die Rufnummer, während ich um die Ecke gehe.

Auf der anderen Straßenseite sehe ich bereits das kleine Lebensmittelgeschäft.

Eine Frauenstimme antwortet „Hallo?"

Ich fühle mich ertappt und mein Herz schlägt schneller.

Was sage ich jetzt?

„Guten Morgen …. Ich habe Ihre Anzeige … in der Zeitung … gelesen … letzte Woche …"

Kein Ton auf der anderen Seite.

„Hm …, bin ich mit Ines verbunden?" „Ich bin Ines."

Mist! Jetzt steht alles auf dem Spiel.

„Ich heiße Chiara Lemme und … ich dachte mir …, einen Termin … zu vereinbaren."

Ich habe die letzten zwei Wörter sehr schnell ausgesprochen.

„Wollen Sie Ihre Zukunft erfahren?" Die Hexestimme klingt nett und distanziert.

Als ob wir gerade ein normales Geschäftsgespräch führen würden.

„Ich möchte in mich reisen …" seufze ich.

Meine ehrlichen Wörter klingen ungewohnt sicher.

„Dann kommen Sie heute Nachmittag um drei", sagt die Hexe.

„Heute?", antworte ich schrill und zitternd.

Heute ist zu früh, ich bin nicht vorbereitet.

Ines setzt unbeeindruckt fort: „Ich wohne hier in Bonn. Kirschallee 23."

Kirschallee. Das klingt gut.

„Dritter Stock", fügt sie hinzu.

Ich bin so überrascht, dass ich nicht schnell genug reagieren kann. Ines hat wieder aufgelegt.

Kirschallee. Heute. Um drei Uhr.
Wo ist die Kirschallee überhaupt?

Ich laufe weiter, wie in Trance.

Ich möchte in mich reisen. So ein Quatsch. Ich will keine Hexe besuchen. Mensch, ich habe studiert … Mache Forschung … Bin doch eine ernsthafte Person …

Und doch sehe ich vor mir die Hexehöhle. Sie ist dunkel. Ein Tisch in der Mitte und darauf eine glitzernde Kristallkugel, worauf sich das schwache Licht, das von der Decke kommt, widerspiegelt.

Die Hexe sitzt da. Sie trägt ein langes, dunkles Kleid und einen Schal. Mit Fransen.

Ich habe oft geträumt …, wäre ich doch eine Hexe.

Hexen brauchen einen Blick. Nur ein Blick und sie wissen automatisch alles.

Ich denke an die Hexe und mein Körper erwärmt sich …

Der Verkehr ist dichter geworden. Ich habe bereits den Hauptbahnhof erreicht.

Ich gehe die Treppe runter und durchquere die Unterführung in Begleitung meiner Gedanken.

Nein, ich gehe nicht dahin. Außerdem kennt sie mich nicht. Und wenn sie meine Rufnummer gesehen hat? Und wenn sie wirklich eine Hexe ist? Dann weiß sie auch, wo ich wohne.

Ich schüttele den Kopf und konzentriere mich auf die heruntergesetzte Ware in den Schaufenstern. Bei H&M kaufe ich einen Pullover für Luca.

„Hallo Carmen! Ich habe mich verspätet", entschuldige ich mich bei meiner Freundin.

Carmen sitzt an einem Tisch im „Pendel". Das Restaurant, wo wir uns immer treffen.

Das Lokal ist sehr dunkel im Vergleich zum strahlenden Licht draußen.

Carmen steht auf: „Ich bin auch eben angekommen. Hallo, meine Liebste. Und frohes neues Jahr!" „Frohes neues Jahr!"

Wir umarmen uns.

Ich lasse mich von einer Kaskade schwarzer Locken und einem intensiven Parfüm einhüllen. Für einen Augenblick vergesse ich, wo ich mich befinde.

Carmen trägt ein schwarzes Kleid. Zu elegant für einen Samstagmorgen.

Hat sie bei jemandem übernachtet?

Wir setzen uns.

Das Lokal ist voll und laut. Wir erhöhen automatisch unsere Lautstärke.

Carmen ist gut gelaunt und gibt mir einen detaillierten Bericht über ihre Silvesterparty.

Aufgeregt erzählt sie mir, dass sie sich später mit Paul, ihrem neuen Freund, trifft. Sie haben sich auf der Silvesterparty kennen gelernt und machen bereits Tausende Projekte zusammen.

So ist Carmen. Genau das Gegenteil von mir.

Sie überlegt nie, was sie tut. Sie tut es einfach.

„Ich habe einen Termin mit einer Hexe heute Nachmittag" würde ich ihr gerne anvertrauen.

Aber ich schäme mich.

Lieber erzähle ich das Leben der gestressten, zufriedenen Mutter-Ehe-frau-Wissenschaftlerin.

Immer nur eine Fassade von mir!

Carmen redet weiter, ich höre ihre Worte, bin allerdings irgendwo anders.

Ich bin in der Hexenhöhle.

Um zwei gucke ich das erste Mal die Uhr an. Ein paar Minuten später betrachte ich die Wanduhr über Carmens Schultern. Meine Freundin merkt jetzt meine Nervosität.

„Wann kehrt die Familie nach Hause zurück?", fragt sie mich harmlos.

„Nicht bevor es dunkel wird. Luca mag unheimlich gerne mit den Kaninchen draußen spielen."

„Und wieso sitzt du auf glühenden Kohlen?", setzt Carmen fort. „Hast du eine romantische Verabredung vor dem Abendessen?", lächelt sie mit einem penetranten Blick.

„Ja, denk nur!", lache ich verlegen „Übrigens, weißt du, wo die Kirsch-allee ist?"

„Kirschallee …", Carmen überlegt einen Augenblick. „Ja, natürlich. Hinter dem Botanischen Garten. Erinnerst du dich noch an die Son-nenbank?"

„Wo wir letztes Jahr waren?", frage ich mit großen Augen. „Genau die!" antwortet meine Freundin.

Wir brechen beide in Gelächter aus.

Mein erstes und letztes Abenteuer in einem Solarium ist die Chronik eines angekündigten Todes.

Meine außerordentlich helle Haut brauchte unbedingt ein wenig mehr Farbe, nach Carmens Meinung. Das Ergebnis war eine Art Verbrennung drittes Grades, die mich eine Woche lang begleitet hatte.

„Alles klar. Mit dem Bus brauche ich zehn Minuten", seufze ich erleichtert.

Carmen nutzt meine Unüberlegtheit aus und drängt mich in die Ecke: „Und was machst du in der Kirschallee?"

Ich fühle mich entdeckt, meine Wangen glühen.

„Man hat mir erzählt …, da gibt es einen Laden …, einen Kinderladen." Meine Wörter würden keinen überzeugen. „In der Kirschallee?", Carmens Stimme klingt ungläubig „Da irrst du dich, es ist ein reines Wohngebiet." „Ja, aber es muss ein … winzigkleiner Laden sein", erwidere ich und versuche, mich aus meiner eigenen Falle zu befreien.

Dann geschieht das Wunder.

„Ach, jetzt weiß ich …, an der Ecke gibt es einen Antiquitätenladen. Da habe ich schon Kindersachen im Schaufenster gesehen." Carmen ist mit ihrer eigenen Erklärung zufrieden. „Richtig. Das ist er", bestätige ich triumphal.

Lüge, Lüge, Lüge.

Einige Minuten später verabschiede ich mich. Ich schiebe den noch nicht erledigten Einkauf als Ausrede vor.

Wir umarmen uns wieder.

„Sei ein braves Mädchen!", flüstert mir Carmen ins Ohr. „Du auch. Tschüss meine Liebe."

Ich entferne mich von der Kaskade schwarzer Locken.

Der Bus kommt spät und ich bin erst nach drei Uhr in der Kirschallee.

Und jetzt? Welche Hausnummer hatte sie? Mensch, es war eine ungerade Zahl …, 20 oder so was …

Ich überquere die Straße und bei jeder Tür lese ich die Namen an den Klingeln.

Gott sei Dank ist die Kirschallee eine kleine Straße.

23. Dritte Klingel von unten.

Ich klingele.

Keiner macht auf.

Gott, ich bin verdammt spät.

Ich klingele noch einmal.

Vielleicht ist sie doch nicht da.

Ich fühle mich irgendwie erleichtert und will weggehen.

Kaum habe ich mich umgedreht, geht die Tür auf.

Ich schiebe die Tür nach vorne und gehe rein.

Der Eingang ist geräumig und hell.

Das Sonnenlicht breitet sich von den gelben, geschmirgelten Fenstern aus.

Die Atmosphäre ist ungewohnt. Wie in einem Traum.

Vielleicht ist das auch ein Traum.

Ich steige die Treppe bis zum dritten Stock hinauf.

An der dunklen Holztür hängt ein Messingschild. Mit dem Hexennamen.

Ich klingele wieder, obwohl die Tür halb offen ist.

„Hallo?", schiebe ich meinen Kopf rein.

„Kommen Sie!", antwortet eine Frauenstimme aus einem anderen Raum.

Wo ist die Hexe?

„Ziehen Sie den Mantel aus und nehmen Sie Platz!", ruft die Frauenstimme weiter, die von einer Tür am Ende des Flurs kommt.

Ich hänge meinen Mantel an eine Garderobe und gehe unsicher weiter. Ich schiebe jetzt die dritte Tür nach vorne und bleibe enttäuscht auf der Schwelle stehen.

Die Hexenhöhle ist ein ganz gewöhnliches Wohnzimmer.

Die Wände sind hell gestrichen, am Fenster hängen orange Gardinen und einige Ebenholz-Möbel füllen den Raum.

Und die Hexe – ist sie es wirklich? – sitzt auf einem schwarzen Ledersofa und telefoniert.

Sie hebt ihren Kopf und unsere Blicke kreuzen sich.

Ines klopft ihre Hand auf das Sofa. Ich soll mich neben sie hinsetzen.

„Dann bis nächste Woche Dienstag. Um acht Uhr. Tschüss", die Hexe spricht die letzten Wörter sehr fröhlich aus. Dann legt sie das Telefon auf den Glas-Couchtisch.

„Ich bin Ines", streckt sie mir die Hand entgegen. „Chiara Lemme."

Beim Händeschütteln spüre ich meine Hand eisig im Vergleich mit ihrer.

Die Hexe ist schön.

Ungefährlich und in meinem Alter.

Sicher hatte ich sie mir ganz anders vorgestellt. Keinen schwarzen Schal mit Fransen, keinen langen Rock, keine Kreolen an den Ohren.

Die Hexe hat blonde, lange, wellige Haare und meergrüne Augen. Das kreiert einen angenehmen Kontrast zu ihren dunklen Kleidern. Der enge, schwarze Pulli hebt einen beneidenswerten Busen hervor. Ines' Lächeln ist unwiderstehlich.

„Ich habe Sie heute Morgen angerufen", fange ich verlegen an. „Ich weiß, aber Sie kommen spät. Das ist untypisch für Sie."

Es ist schon das zweite Mal heute, dass ich mich verspäte. Das ist wirklich untypisch für mich.

Ich will mich entschuldigen, aber Ines schaut mich amüsiert an, als ob sie mich schon seit längerem kennen würde.

„Du willst also in dich reisen", duzt sie mich einfach.

„Ihre …, deine Annonce hat mich fasziniert." „Verhext", lächelt sie.

„Ja, verhext. Möglicherweise sitze ich gerade bei einem Scharlatan", spreche ich meine Zweifel ehrlich aus.

Ines schweigt einen Augenblick.

„Was für ein Problem hast du? Wieso willst du in dich reisen?", fragt sie und schaut mir direkt in die Augen.

Jetzt weiß sie schon alles.

Ich lasse mich auf das Sofa sinken und rede mit mir selbst.

„Mein Leben hat keinen Sinn mehr. Ich fühle mich in einer Sackgasse. Ich spüre und ich weiß, dass es eine andere Lebensart gibt, vielleicht in einem Paralleluniversum oder so was …, doch finde ich keinen Eingang."

Ich spüre den aufmerksamen, mitleidlosen Blick von Ines.

„Du bist eine schöne, junge Frau. Was suchst du?"

Ich seufze „Ich suche den Sinn meines Lebens. Ich habe viel gelesen und gelernt und studiert. Ich habe viele Ziele erreicht. Aber die Freude am Leben, sie ist unterwegs verloren gegangen. Dieses kindische Gefühl des Glücks ist weg. Ich fühle mich von meinem eigenen Leben ausgeschlossen. Und habe keinen Schlüssel dabei."

Ines schweigt weiter, steht auf und geht zur Ebenholz-Kommode in der Ecke.

Darauf sitzt eine goldene Figur eines dicken, lachenden Buddhas.

Aus einer Schublade holt sie ein quadratisches Räucherglas. So groß wie eine Handfläche.

Die Hexe setzt sich wieder neben mich und nimmt meine Hand.

Ich spüre meinen Körper angespannt.

Was will sie jetzt mit mir tun?

„Entspann dich. Ich möchte nur deinen Puls fühlen", beruhigt mich Ines.

„Und was ist das?", zeige ich auf das Räucherglas.

„Du bist eine Wissenschaftsfrau", lächelt die Hexe „Das ist ein Polarisationsfilter."

Ich atme aus, erleichtert.

Mit der rechten Hand hält Ines mein Armgelenk und mit der Linken bringt sie den Filter näher an mich heran.

Dadurch ergründet sie meine Augen und dann geht sie runter, an den Mund, den Hals.

Ich fühle mich wie ein Insekt unter der Lupe.

Ich gucke die Hexe skeptisch und gleichzeitig amüsiert an.

Warum benutzt sie keine Kristallkugel?

„Die Zellentätigkeit", erklärt Ines auf der anderen Seite des Filters „und die folgende Nervenaktivität und Muskelkontraktion entspricht einer elektrochemischen Tätigkeit."

Ich nicke einverstanden. Ein Scharlatan würde sich nicht so ausdrücken.

Sie setzt fort: „Diese Aktivität erzeugt ein schwaches, elektromagnetisches Feld, das zwar mit der Entfernung schwächer wird, aber jenseits der Körperfläche weitergeht."

„Etwa wie eine Art Aura?", frage ich neugierig.

New Age Bücher habe ich auch gelesen.

„Wenn die Lichtausstrahlung stark ist, ja", bestätigt die Hexe.

„Ich folge dir. Aber was machst du mit dem Polarisationsfilter?"

„Die Ausstrahlung der lebendigen Zellen ist monochrom und polarisiert. Das heißt, die Schwingung des körperlichen Energiefeldes hat eine gleichmäßige Richtung und Phase."

„Ja und?", frage ich perplex.

„Wenn die Zellen sich gleichmäßig und harmonisch bewegen, setzen sich die Schwingungen entlang der Hauptachse des Körpers fort", Ines bewegt ihre Hand von oben nach unten. „Wenn der Polarisationsfilter in die gleiche Richtung des Körperfeldes gehalten wird, passiert die Zellenausstrahlung den Filter und ist sichtbar."

„Und der Pulsschlag?"

Ines hält noch mein Handgelenk.

„Ich spüre damit deine emotionale Reaktion. Ich vergleiche die Ergebnisse des Polarisationsfilters mit der Reaktion deines Körpers. Betrachte dies als zusätzlichen Beweis."

Der Filter hat sich in der Zeit weiter nach unten bewegt.
Die Brust, der Rumpf, die Beine.
Mein Körper reagiert, als ob er von Ines' Hand berührt würde.

„Wie ich es vermutet hatte", grinst Ines.
Ich gucke sie mit fragenden Augen an.
„Alle Organe deines Körpers strahlen Licht aus." „Auch die Schilddrüse?", frage ich ungläubig.
„Auch die Schilddrüse", bestätigt sie.
Pfff, ich seufze entspannt.
„Der Kopf ist allerdings blockiert", fügt sie kurz hinzu.
„Was?", erstarre ich.
„Dein Kopf strahlt kein Licht aus."
Ich schlucke „Und was bedeutet das?"
„Das bedeutet, dass du Gefangene deiner Gedanken bist."
Gefangene meiner Gedanken?
„Die Gespenster deines Gehirnes halten dich in Schach", gibt die Hexe ein.
Dann steht sie auf und legt den Polarisationsfilter in die Schublade der Ebenholz-Kommode zurück.
„Meinst du, dass ich mir zu viele Sorgen mache?", flüstert meine Stimme.
„Das ist nur die Folge", sagt die Hexe, während sie sich wieder auf das schwarze Ledersofa zurücksetzt.
Mache ich doch alles falsch?
„Chiara!", schaut Ines mich an, „Du hast dich in einem Labyrinth verlaufen. Das Labyrinth deiner Gedanken. Deine gedanklichen Tüfteleien haben dich von der Realität entfernt. Sie haben dich vom Leben entfernt. Du denkst an das Leben, aber du lebst nicht."
Wie … ich lebe nicht?

„Ich gebe dir ein Beispiel: Kennst du diese wunderschönen Urlaubs-prospekte?"

Ich nicke.

„Du sitzt gerade an einem makellosen, weißen Strand. Mit Palmen und strahlendem, blauem Himmel. Vor deinen Augen bewegt sich der Ozean. Es ist alles himmlisch schön. Und was machst du? Du erlebst diese bezaubernde Realität gar nicht. Du sitzt da und schaust dir lieber einen Urlaubsprospekt an. Du betrachtest das Bild von dem Ort, an dem du dich gerade befindest und denkst und überlegst. Und sehnst dich nach so einem Platz."

Ist das wirklich so?

Ich kann nichts erwidern. Ich spüre nur, dass die Hexe Recht hat.

Seitdem ich mich erinnern kann, dreht sich mein Leben um Projekte. Um Ziele, die ich erreichen soll, bevor ich mit meinem Leben anfangen darf.

Etwas oder jemand anderes hat immer die Priorität. *Wie kann ich sonst verlangen, dass die „Anderen" mich lieb haben?*

„Aber, was soll ich dann tun? Wie kann ich das verändern?", frage ich verzweifelt und verärgert gleichzeitig.

„Das kannst du nur selber entdecken." „Und wie, bitte schön?"

„Indem du in dich reist und auf die Suche nach deinen Illusionen gehst. Wenn du sie befreist, wirst du selber frei sein und den Schlüssel deines Lebens endlich finden."

Ich schaue sie an und lächele entmutigt.

„Illusionen befreien? Das klingt sehr faszinierend. Ich weiß aber nicht, womit ich anfangen soll."

„Ich kann dir die Eintrittskarte geben", sagt die Hexe. „Der Rest ist allerdings deine eigene Aufgabe."

Eine Eintrittskarte, um in mich hereinzukommen?

Vielleicht träume ich doch gerade.

Ines steht auf und geht wieder zur Ebenholz-Kommode, von der aus der goldene Buddha mich amüsiert anschaut.

Die Hexe öffnet eine andere Schublade und zieht ein Messingkästchen heraus.

„Das ist die Eintrittskarte", sie dreht sich und reicht sie mir das Kästchen.

Ich staune und nehme es nicht an.

Das ist wohl ein Scherz.

Ines macht den Kästchendeckel auf.

Ich lehne mich nach vorne und schaue den Inhalt an.

Auf dem roten Velours stehen fünf kleine Glasflaschen.

„In jeder dieser Ampullen," spricht die Hexe mit ernstem Ton „ist ein Zaubertrank."

Die Situation ist absurd, dennoch höre ich mir alles an.

Dann betrachte ich wieder die Ampullen. Auf jeder Flasche ist eine rote, römische Zahl aufgeprägt. Von eins bis fünf.

„Wenn du bereit für eine Reise bist," erklärt Ines weiter „setz dich an einen ruhigen Platz, wo du für ein paar Stunden ungestört bleiben kannst. Dann trink den Zauberfilter. In der Reihenfolge, von eins bis fünf. Jede Ampulle ist eine Reise. Du kannst insgesamt fünf Reisen machen." „Und dann?", frage ich verwirrt.

„Dann hast du deine ILLUSIONEN befreit."

„Und wenn … und wenn ich es nicht schaffe?"

Ines lacht und lässt sich von meinen Zweifeln nicht beeindrucken. „Chiara, heute fängt das Jahr der Ziege an. Du bist im Jahr der Ziege geboren, nicht wahr?" „Ja!", antworte ich entzückt und denke an mein Schulheft in der dritten Klasse.

Aber wie kann das Ines nur wissen?

„Nichts geschieht zufällig", sagt die Hexe „Du hast ein Jahr vor dir. Ein Jahr für die fünf Reisen."

Warum ein Zaubertrank? Wieso ein Jahr? Weshalb fünf Reisen?

Ich verstehe die Welt nicht mehr und dennoch nehme ich jetzt das Messingkästchen.

Ines erklärt nichts weiter und verabschiedet sich von mir schnell.

Einige Minuten später befinde ich mich wieder in der Kirschallee.

Die Sonne ist bereits untergegangen.

Ich wandere durch die Bonner Straßen mit dem kleinen Messingkästchen in meiner Handtasche und wie im Schlafwandel komme ich wieder nach Hause.

Die erste Reise …

… ins Dunkel.

Draußen ist es dunkel.

Die Straße ist von einer dünnen Eisschicht bedeckt. Sie glitzert unten dem Licht der Laternen.

Luca ist gerade eingeschlafen.

Ich schließe die Rollladen und setze mich neben Marco auf das Sofa.

„Und jetzt verrate mir endlich, was mit dir los ist", bittet er mich.

„Was mit mir los ist?", wiederhole ich scheinbar überrascht.

Mein Mann lässt sich nicht von meinem unschuldigen Ton ablenken.

„Chiara, seit ein paar Tagen benimmst du dich so ungewohnt. So komisch. Auch heute Abend hast du kaum ein Wort mit mir gewechselt. Und ich habe dich im Bad gehört. Wie du mit dir selber redest."

Auf frischer Tat ertappt, wie ein kleines Mädchen.

Mein Blut fließt auf einmal schneller, während ich das Treffen vom letzten Samstag mit Ines vor mir durchspule.

Vielleicht sollte ich Marco einfach die Wahrheit verraten …

NEIN!

Ich kann nicht mit ihm darüber reden. Ich stelle mir seine Reaktion vor. Er würde sagen, dass ich verrückt geworden bin. Und er würde das Kästchen wegschmeißen. Das Messingkästchen, das ich im Nachttischschrank versteckt habe. Hinter einer kleinen Bücherarmee.

NEIN!

Ich greife ihn lieber an …

„Ich bin nur müde. Das ist normal, oder? Ich habe im Moment so viel Arbeit an der Uni. Und Ende Februar ist auch die Tagung in Jena."

„Es ist wirklich nur die Arbeit? Nichts anderes?" Marcos penetranter Blick kreuzt meinen.

Ich kann ihn doch nicht anlügen. „Mein Gott, Marco", flüstere ich und schaue nach unten. „Ich habe den Eindruck, dass mit mir nichts mehr läuft. Alles hat seinen Sinn verloren. Jeder Tag gleicht dem anderen. Ich stehe auf, gehe arbeiten, hole Luca vom Kindergarten ab, kaufe ein, koche und gehe ins Bett. Und am nächsten Tag fange ich wieder an. Das Leben hatte ich mir anders vorgestellt."

Ich spüre brennende Tränen auf meinem Gesicht. Und ich spüre Marcos Nähe.

Mein Mann, mein starker Mann, nimmt mich in seine Arme. Ich fühle seinen Wunsch, sein Bedürfnis, mich zu schützen.

Er tröstet mich mit seiner tiefen, warmen Stimme „Ich weiß es, Schatz. Manchmal passiert es mir auch. Es gibt Tage, wo alles schwarz aussieht. Aber ich bin hier, bei dir. Denk an Luca. Und denk, dass wir im März zwei Wochen nach Teneriffa fliegen. Und wenn wir nach Hause zurückkommen, ist schon Frühling."

Ich lasse mich von seinen Armen wiegen. Vielleicht hat er doch Recht. Vielleicht bin ich doch nur ein wenig erschöpft.

Jedoch bleibt Ines, auch in den nächsten Tagen, in meinen Sinnen hängen. Ich sehe ihre ehrlichen Augen. Ich höre immer wieder ihre Stimme.

„Wenn du deine ILLUSIONEN befreist … du wirst den Schlüssel deines Lebens finden … heute fängt das Jahr der Ziege an … nichts geschieht zufällig …"

An einem Morgen wache ich auf und treffe eine Entscheidung. Noch vor dem Urlaub, noch vor der Tagung, werde ich die erste der fünf Reisen in mich machen.

Ines hat mir gesagt, ich solle einen ruhigen Ort aussuchen. Wo ich nicht gestört werde.

Aber wo? Und wann?

Auf der Arbeit ist unmöglich. Daheim auch.

Ich sollte am liebsten einen Tag Urlaub nehmen, aber jetzt, knapp drei Wochen vor dem Kongress, das kann ich nicht.

ABSOLUT NICHT.

Die Lösung werde ich schon finden, wiederhole ich mir immer wieder.

Und ein paar Tage später ergibt sich doch die Gelegenheit.

An einem Donnerstag.

Marco ruft mich nachmittags an und teilt mir kurz mit, dass er sehr spät nach Hause kommen wird. „Wir müssen dringend ein Problem hier im Büro lösen. Wahrscheinlich komme ich erst mitten in der Nacht."

Ja, das ist die Chance …

An dem Abend warte ich ungeduldig, dass Luca ins Bett geht. Um halb neun ist es endlich soweit. Der Moment ist gekommen.

Aufgeregt gehe ich ins Schlafzimmer, befreie das Messingkästchen von der kleinen Bücherarmee und kehre ins Wohnzimmer zurück. Ich lege das Kästchen auf den Couchtisch, knie mich hin und öffne es.

Ja.

Die Ampullen sind noch alle da. Jede mit einer aufgeprägten römischen Zahl. Von eins bis fünf. Ich ziehe vorsichtig die Flasche mit der Nummer „I" heraus.

Ich versichere mich, dass Luca wirklich schläft. Dann stelle ich das Telefon ab.

Man weiß ja nie.

Ich öffne die Ampulle und rieche. Nichts. Es scheint wirklich nur Wasser drin zu sein.

Und wenn es giftig ist?

Unsinn.

Schluss jetzt.

Ich trinke den Zauberfilter.

Dann lege ich die Ampulle wieder in das Kästchen und setze mich auf das Sofa. Ines hat mir keine weiteren Anweisungen gegeben.

Und nun? Was wird passieren?

Ich schaue mich um.

Vielleicht sollte ich das Licht herunterdimmen, vielleicht sollte ich mich lieber auf das Bett legen …, vielleicht …

Auf einmal fühle ich mich so müde, dass meine Augenlider zufallen.

Vielleicht ist es wirklich ein giftiger Zaubertrank.

Das ist mein letzter bewusster Gedanke als Chiara.

Kurz danach tauche ich in Nebel ein und spüre mich wie eine andere Person, stehe auf und laufe.

Ich laufe auf einem dreckigen Bürgersteig. Der halbgetaute Schnee hat sich in einen dunklen Schlamm verwandelt. Es ist tatsächlich ein nebliger und eisigkalter Tag.

Ist das ein Traum?

Nein! Es ist kein Traum, weil meine Rückenmuskeln von der Kälte und von der Feuchtigkeit angespannt sind. Ich habe noch nie eine so klare Wahrnehmung von mir selbst gehabt.

Ich laufe und schaue auf den Boden.

Ich muss aufpassen, nicht hinfallen. Der Bürgersteig ist glatt und gefährlich.

Während ich laufe, beobachte ich meine Füße. Ich trage ein Paar schwarze Stiefeletten und einen sehr langen, dunklen Mantel, der beinahe den Boden berührt. Ich laufe entlang einer breiten Straße. Mit grauen, hohen Gebäuden.

Wo befinde ich mich? Wer oder was bin ich in dieser Wahrnehmung?

Mein Blick richtet sich auf die Straße. Die wenigen Autos fahren langsam und sind ausgesprochen laut. Aber es sind keine normalen Autos. Sie haben eine seltsame Form. Ich schaue sie aufmerksamer an. Sie ähneln den Wagen der Zwanziger Jahre.

Jetzt schaue ich meine Hände an und berühre dann meinen Kopf. Ich trage schwarze Lederhandschuhe, und unter dem Arm hängt eine kleine Handtasche derselben Farbe. Meine Haare sind hochgezogen, sie bilden einen Knoten und darauf steckt ein Hut.

Was soll das ganze hier?

Ich laufe weiter und schaue mich perplex um. Die einzige reale, bewusste Erinnerung ist, dass ich heute Nachmittag einen Termin im Krankenhaus habe.

Aber mit wem?

Ach, ja! Ich habe einen Termin mit Herrn Doktor Bates.

Seltsam.

Ich weiß immer noch, dass ich Chiara bin, Chiara Lemme, aber mir ist auch bewusst, dass ich Kathrin heiße und in einer anderen Zeit lebe.

Ich beobachte weiterhin den Verkehr, die Leute, die Gebäude. Ich fühle mich wie in einem Film.

Einem Gangsterfilm: der Dunst, der aus den Kanalschächten herauskommt, der Kohlgeruch, der die Häuserwände durchdringt. Genauso wie in „Es war einmal in Amerika" …

Ich halte an und werde in eine völlig andere Dimension gesaugt.

Es geschieht in New York und Kathrin Miller wohnt in Brooklyn.

Ich wohne in Brooklyn.

Die Erinnerungen, die Gedanken, sogar Chiaras Bewusstsein verlieren ihre Konsistenz. Sie werden verschwommen und verdunsten, wie der Nebel herum.

Jetzt erlebe ich die Erinnerungen und die Gedanken von Kathrin Miller.

Ich BIN Miss Miller. Ich lehre auf der „Primary School" in Brooklyn. Ich bin Anfang Vierzig und ledig.

Ich werde nie heiraten.

Es gab nur einen Mann in meinem Leben … George. Wir liebten uns wirklich. Aber er wollte unbedingt nach Europa, er wollte da sein Jurastudium beenden. Also reiste er nach London und ist da geblieben … vor fünfzehn Jahren. Und da hat er Mary Jane kennen gelernt. Mittlerweile haben sie vier Kinder.

George.

Wer weiß, wie Europa aussieht, wer weiß. Wer weiß, wie Mary Jane aussieht.

Ich halte jetzt vor einem hohen Gebäude an. Auf der Eingangtür lese ich „NEW YORK HARLEM HOSPITAL".

Da bin ich endlich.

Ich steige die Stufen hinauf.

Drin sind die Räume schon mit Neonlichtern beleuchtet, obwohl es erst drei Uhr Nachmittag ist. An der Rezeption sitzt eine blonde, dicke Krankenschwester, die sehr müde aussieht. Ich spreche sie an: „Ich habe einen Termin mit Doctor Bates."

Die dicke, blonde Frau blättert in einem großen, abgenutzten Register. „Dritten Stock. Die vierte Tür auf der rechten Seite."

Im Flur des dritten Stocks steht ein großer Wandspiegel.

Ich sehe mein eigenes Bild darin und nähere mich.

Kathrin Miller ist groß, dunkelhaarig und hat eine schmale Figur. Aber diese hässliche Brille mit der schwarzen Fassung ruiniert ihr Gesicht.

Verlegen gehe ich weiter.

Vor Doktor Bates Tür sitzen zwei Patienten. Ein stämmiger Mann um die 50 mit rubinrotem Gesicht und eine wunderschöne, junge Frau. Sie ist wahrscheinlich 20, hat blonde Locken und ähnelt einem Engel.

Ich setze mich auf einen kleinen Sessel, neben die zwei anderen Patienten und denke an George. Nach fünfzehn Jahren spüre ich immer noch Ärger und Groll.

Ich könnte Mrs. George Wallmann sein. Jetzt hätte ich MEINE eigenen Kinder. Und was ist aus mir geworden? Seit über zwanzig Jahren lehre ich in der „Primary School" in Brooklyn. Für immer verdammt, Miss Miller zu sein. Miss „Vieraugen" Miller.

Aber ich liebe meine Arbeit. Vor allem liebe ich die Kinder. Es ist wie täglich das Fenster aufmachen und die frische Luft hereinlassen.

Dasselbe Gefühl habe ich erlebt, als Doktor Bates in meine Klasse für die jährliche Augenuntersuchung getreten ist.

„Schon wieder die Vorsorgeuntersuchung."

Alle Jahre wieder. Zwei Wochen vor der Erntedankfeier.

Verflixte Vorsorgeuntersuchung.

Die Kinder müssen sich im Turnus vor die Sehtafel setzen und die Buchstaben lesen. Bis zur letzten Reihe. Und wer das Ziel verfehlt, bekommt eine Brille verschrieben.

Dasselbe ist mir vor dreißig Jahren passiert. Genau ein Jahr nach Mums Tod.

Mum ist bei der Geburt von Mary Ann gestorben. Und Mary Ann hat sie nur vierzig Tage überlebt.

Die Erinnerung tut mir immer noch so weh, und ich bemühe mich, meine Tränen zu verbergen.

Und dann dieser Abend.

Der Abend meines zwölften Geburtstags. Als Daddy mit Tommy und mir ernsthaft reden wollte. *Er sagte, wir müssen ins Kinderheim. Er hatte schon so viel Arbeit. Er konnte sich nicht mehr um alles kümmern.*

Ich sollte zu den Nonnen gehen, dort hätte ich einen Beruf gelernt. Ich hätte sowieso eines Tages geheiratet.

So hat Daddy gesagt. Am Tag meines zwölften Geburtstags.

Mein Bruder ist in das Bostoner Kinderheim gegangen.

Mein kleiner Tommy. Er war gerade sieben.

Erneut spüre ich diesen Knoten im Hals. Ich seufze und schlucke runter. Wie ich es in meinem ganzen Leben getan habe.

In diesem Augenblick werden meine Erinnerungen unterbrochen. Die Tür öffnet sich. Eine Frau mit hellem, langem Kleid kommt aus Doktor Bates Praxis heraus.

Der stämmige Mann, mit rubinrotem Gesicht steht auf und folgt ihr in das Zimmer.

Die Tür schließt sich kurz danach hinter ihnen.

Daddy hat sich aber geirrt. Ich habe nie geheiratet. Ich bin Miss „Vierauge" geblieben.

Ausschließlich mit meiner Brille liiert.

Und dann kommt Doktor Bates in meine Klasse rein, zwei Wochen vor der Erntedankfeier, und erzählt mir, dass man der Kurzsichtigkeit vorbeugen und sie sogar geheilt werden kann.

„Auch Sie können Ihre Brille loswerden, Miss Miller. Besuchen Sie mich im Harlem Hospital." *So sagt er einfach.*

Natürlich glaube ich ihm kein Wort. Ich bin in den letzten dreißig Jahren bestimmt von zehn verschiedenen Augenärzten untersucht worden und alle haben dasselbe gesagt: „Sie brauchen eine Brille, Miss Miller. Es gibt keine Alternative."

Trotzdem folge ich Doktor Bates Anweisungen skrupulös. Und jeden Tag, während der Frühstuckspause, führe ich mit den Kindern die empfohlene Übung durch.

Eigentlich eine sehr einfache Übung.

Die Kinder setzen sich vor die Sehtafel und lesen die unteren drei Buchstabenreihen. Ohne Brille.

Die fünf Schüler, die eine Brille tragen, setzen sie ab und setzten sich so nah, dass sie auch die letzte Buchstabenreihe lesen können.

Ich sehe noch den armen Robert Dawson, der weniger als ein halben Meter von der Tafel entfernt sitzt!

Ich kann es mir nicht erklären, aber die Kinder mögen das „See-the-letters"-Spiel gerne.

„Miss Miller, es ist *See-the-letters*-Zeit!" *Schallt ein fröhlicher Kinderstimmenchor in meinen Gedanken.*

Auf mein Signal gehen alle Schüler auf ihre Wettkampfplätze.

Manche sitzen drei Meter, andere vier, andere sogar fünf Meter entfernt.

Ich höre die kleine Emma schreien: „Jetzt das rechte Auge!"

Auf diesen Befehl hin decken alle Schüler das linke Auge ab und lesen im Turnus die Buchstaben.

„Und jetzt das linke Auge!" *donnert Emmas Stimme.*

Jeden Tag ein Wettkampf. Ohne Sieger und ohne Besiegte.

Das ist pure Freude!

Und nach einigen Wochen geschieht etwas Merkwürdiges …

Unerklärbar sitzen die fünf Brillenträger – bei der Übung – weiter entfernt von der Sehtafel.

Sie schummeln …, jetzt kennen sie die Buchstaben auswendig …

Allerdings merke ich schnell, dass die fünf Schüler auch sonst häufiger ihre Brille absetzen.

Und als letzte Woche auch Robert Dawson, ohne Brille, alle Rechenaufgaben an der Tafel gelesen hat …

„Miss Miller, Sie sind dran." Die Dame mit dem langen, hellen Kleid lächelt mich von der Türschwelle her an.

Ich schaue mich um. *Wo ist die junge, engelähnliche Frau?*

Verwirrt stehe ich auf und folge der Dame in die Praxis.

„Guten Tag, Miss Miller. Nun sind Sie doch gekommen!", sagt Doktor Bates und reicht mir seine Hand.

Herr Bates ist ein gutaussehender Mann um die 50, trägt einen weißen Kittel und seine Haare sind in der Mitte durch einen ganz klaren Scheitel getrennt. Seine ein wenig rigide Medizinerfigur widerspricht quasi dem kindlichen Augenausdruck und dem Lächeln.

Das Bild von Nonno Anton schleicht sich ein.

„Erzählen Sie, Miss Miller, was machen Ihre Schüler?", fragt neugierig der Arzt.

„Sie machen enorme Fortschritte, Dr. Bates. Sogar Robert Dawson trägt nur noch selten eine Brille." „Das erfreut mich sehr. Das heißt, Sie sind meinen Anweisungen gefolgt."

„Ja, Dr. Bates, buchstäblich. Und die Kinder arbeiten ausgesprochen begeistert mit."

„Nun, Miss Miller, sind Sie an der Reihe. Möchten Sie sich auch von Ihrer Brille befreien?" Der Mann schmunzelt.

„Ach, Dr. Bates" seufze ich, „das ist der Grund meines Besuchs. Jedoch erinnere ich Sie daran, dass die Brille mich seit fast dreißig Jahren begleitet." „Und ich studiere Augen seit mehr als dreißig Jahren, Miss Miller", erwidert stolz der Mediziner „Und ich versichere Ihnen, dass der gute Gott uns mit keinem besseren Sichtorgan versorgen konnte."

Er setzt sich neben mich.

„Wissen Sie, Miss Miller, es wurde uns beigebracht – und in den letzten Jahren wurden wir sogar gewarnt – sparsam mit unseren Augen umzugehen. Man hat uns gelehrt, dass das Lesen, das Nähen und neuerlich das Lichtspielhaus und die künstliche Beleuchtung sie beschädigen können. Und wenn die Augen – ojemine – nicht mehr deutlich sehen können, bleiben uns nur Deformierungskrücken übrig, die wir Brille nennen."

„Deformierungskrücken?", frage ich perplex.

Was meint er damit?

„Miss Miller. Wenn Sie unglücklicherweise Ihr Bein brechen sollten, wissen Sie, dass nach einer bestimmten Ruhezeit und einer entsprechenden Therapie, Ihr Bein wieder zu seiner alten Funktion zurückfinden würde. Nun lautet meine Frage: warum sollten das Ihre Augen nicht tun können?"

Tja ... warum denn nicht?

Die Logik von Herrn Doktor Bates klingt einwandfrei.

Ich schaue ihn an und zucke meine Schultern hoch.

„Wenn Sie allerdings", fügt der Arzt hinzu, „gezwungen wären, sitzen zu bleiben und Ihr Bein nicht mehr zu bewegen, denken Sie, dass Ihr Bein heilen würde?"

„Ich vermute nicht", antworte ich unsicher.

„Das ist der Grund weswegen ich, im Gegensatz zu meinen hoch-verehrten Kollegen, behaupte, dass Brillen nichts anderes als Deformierungskrücken sind. Die Augen bei ihrer Funktion – nämlich dem Sehen – zu behindern, bedeutet sie zu einem langsamen, progressiven Atrophieprozess zu verurteilen."

Ach, ja?

Diese Schlussfolgerung klingt sehr einfach – vielleicht ZU einfach – aber es hört sich sehr plausibel an.

„Zum Beispiel, Miss Miller: Sie haben mir eben erzählt, dass sie eine Brille seit fast dreißig Jahren tragen." „Genauso ist es, Dr. Bates."

„Und in diesem Zeitraum", fragt mich mein Gesprächpartner, „wie häufig haben Sie die Gläser ändern müssen?"

„Ach, Dr. Bates, Sie stellen mir eine sehr schwierige Frage. Ich erin-nere mich nicht mehr genau." „Mehr oder weniger als dreimal?", besteht der Arzt auf einer Antwort.

„Ach, sicherlich häufiger. Achtmal vielleicht." „Und die neuen Gläser, die Ihnen jeweils verschrieben wurden, waren schwächer oder stärker als die vorigen?"

Er stellt die Frage, als ob er bereits die Antwort kennen würde.

„Das weiß ich. Jedes Mal stärker. Meine Augen sind mit der Zeit schwächer geworden."

„Nun verstehen Sie mich, wenn ich von Deformierungskrücken spre-che?", fragt Doktor Bates.

„Ja", flüstere ich.

Ich erlebe ein ganz schreckliches Gefühl. Als ob, auf einmal, der Boden unter meinen Füßen einstürzte. Als ob mir erst jetzt bewusst wäre, dass ich einen irreparablen Fehler begangen habe.

Oh Gott! Habe ich alles falsch gemacht?

Herr Doktor Bates hat in der Zeit eine Art Lupe aus seiner Kitteltasche herausgeholt und das Fenster erreicht. „Mit diesem einfachen Gerät", erzählt er weiter, „habe ich Tausende von Augenpaaren in den letzten Jahren untersucht."

„Und was ist das?" „Das ist ein Retinoskop."

Schon wieder ein Wort, das ich nie gehört habe.

„Das Retinoskop misst den Brechungsgrad im Auge. Setzen Sie Ihre Brille ab und kommen Sie her, Miss Miller."

Ich lasse meine Brille auf dem Tisch liegen und stehe auf. Auf einmal sehe ich alles verschwommen.

Unsicher gehe ich zum Fenster.

„Dieser Spiegel – den ich nach der Lichtquelle drehen kann – lässt einen dünnen Strahl paralleles Licht durch die Pupille ins Auge konvergieren." Der Arzt setzt das Gerät vor mein rechtes Auge. „Von dem sich zeigenden Brechungsgrad – der als Schatten im Auge sichtbar wird – kann die Normal- beziehungsweise Fehlsicht bestimmt werden. Im zweiten Fall wird durch das Retinoskop das Maß der Fehlsicht quantifiziert."

Herr Bates schaut weiter in mein Auge und ich bleibe angespannt. Wohin will der Doktor?

„Die Sehuntersuchung, Miss Miller" lächelt Mr. Bates während er das Retinoskop wieder in seine Kitteltasche steckt, „ist eine ausgesprochene subjektive Praxis geworden. Der Patient wird vor eine Sehtafel gesetzt und im Fall, dass er einen Buchstaben oder ein Symbol nicht deutlich erkennen kann, bekommt er eine Korrekturlinse vor das Auge. Nach mehreren Versuchen wird eine Linse gefunden, mit der das Auge – aber NUR in diesem präzisen Moment – optimal lesen kann."

„Ja, das kenne ich sehr gut, Dr. Bates. Ich habe bereits eine lange Erfahrung mit Sehuntersuchungen hinter mir …"

Der Arzt lässt mich nicht ausreden.

„Das Retinoskop hingegen ist ein objektives Instrument. Womit ich immer wieder verifiziert habe, dass das Sehvermögen einer Person SICH STÄNDIG ÄNDERT. Auch das beste Augenpaar kann nicht eine perfekte Sicht länger als einige Minuten halten."

„Einige Minuten?", frage ich überrascht, „meinen Sie, dass auch mein Sehvermögen sich ständig im Tagesablauf ändert?"

„Richtig, Miss Miller."

Das hat mir noch keiner erzählt.

Und das habe ich selber noch nie gemerkt. Doch an schönen Sonnentage, wenn ich spazieren gehe, habe ich häufig den Eindruck, besser zu sehen …

Mir ist schwindelig, ich setze mich hin und setze meine Brille wieder auf.

„Wissen Sie", erzählt Herr Doktor Bates weiter „die moderne Ophthalmologie behauptet, dass die Augen in verschiedenen Entfernungen ihre Brechkraft durch die Veränderung der Linsenkrümmung ändern." Er zeigt mir ein Bild an der Wand, das ein normales und zwei fehlsichtige Augen darstellt.

Ein Bild, das mir sehr bekannt ist. Ich habe bereits eine lange Erfahrung mit Sehuntersuchungen hinter mir …

„Was die moderne Ophthalmologie häufig vergisst – oder verdrängt – ist, dass die Augen AUCH sechs ins retrobulbäre Fettgewebe eingelagerte Muskeln besitzen, die bei der Anpassung des Sehens – wie ich in allen meinen Experimenten bewiesen habe – beteiligt sind."

Da verstehe ich schon nichts mehr.

„Dr. Bates, ich finde Ihre Erklärung ausgesprochen interessant" unterbreche ich ihn jetzt ungeduldig, „ich verstehe allerdings immer noch nicht, wie ich eine normale Sehkraft wiedererlangen kann".

„Wie ich Ihnen bereits erklärt habe, Miss Miller, hat uns der gute Gott mit zwei wunderbaren optischen Instrumenten gestattet. Stellen Sie sich vor, sie befinden sich auf einem Boot."

Ich erinnere mich an den Ausflug mit George nach Coney Island.

Was für ein wunderschöner Tag.

„Je nach Ladung und Wellenrichtung", setzt der Arzt fort „bewegt sich das Boot auch vertikal. Es taucht ins Wasser ein und taucht kurz danach wieder auf. Das Eintauchniveau ändert sich kontinuierlich, jedoch bleibt es durchschnittlich konstant." Herr Doktor Bates lächelt und fügt hinzu „Das ist genau, was mit unseren Augen täglich geschieht."

Aha! Jetzt wird es mir allmählich klar.

„Miss Miller, unsere Augen sind kein isoliertes Organ. Sie sind mit dem ganzen Körper verbunden, und wie unser Körper, reagieren sie auch auf die Emotionen, die wir täglich erleben."

„Jetzt folge ich Ihnen, Mr. Bates."

„… das Herz im Hals vor Schreck spüren, unter Magengeschwüren wegen Ärger leiden, die Rückenmuskeln wegen der Kälte anspannen …"

„… Kopfschmerzen haben, weil wir zur Arbeit gezwungen werden." ergänze ich.

„Alle diese Emotionen verändern das Gewicht unserer täglichen Ladung immer wieder", sagt mein Gesprächspartner und macht eine kurze Pause.

„Wenn das Gewicht eine kritische Schwelle erreicht, und merken Sie sich bitte, dass diese Schwelle sehr unterschiedlich von einer Person zur anderen ist, schwankt das Boot und die Augen reagieren mit dem Symptom der Fehlsichtigkeit."

Der Arzt nähert sich, bevor er fortsetzt: „Fehlsichtigkeit ist nur eine Alarmklingel. Ein Signal, dass etwas mit unserem Körper und mit unserem Leben nicht stimmt."

Ich schaue Herrn Bates in die Augen.

„Nun, man hat zwei Lösungen für dieses Problem: entweder auf das Boot einwirken, dass heißt das Symptom kurieren, wie die moderne Ophthalmologie vorschlägt oder …"

„… oder die Ladung verändern", ist meine Schlussfolgerung.

Ja, klar!

„Das Boot verstärken bedeutet in der Tat, es zu erschweren. Und dadurch wird es mit der Zeit immer mehr sinken."

„Dann muss ich meine Beladung ändern", sage ich mit traurigem Ton und schaue nach unten.

Ich fühle mich wie lahm gelegt, während meine verdrängten Emotionen an die Oberfläche auftauchen.

Ich denke an Mums Tod. Und erlebe wieder meine Ohnmacht.

Ich denke an George. Und spüre noch den Groll, die Verletzung, die Enttäuschung.

Ich denke an die Schule. Meine tägliche Frustration, wenn ich als Miss „Vieraugen" Miller mich nicht behaupten kann.

Alle diese Gefühle spüre ich immer noch.

Wie schwer habe ich mein Leben zugeladen.

Wie schwer das Gewicht, das ich mitgetragen habe. Das ich die ganzen Jahre ertragen wollte und das ich nie wirklich losgelassen habe. *Und wieso?* Aus Angst, ich hätte dabei meine Vergangenheit verleugnet. Und damit meine Identität.

„Die Analogie mit dem Boot ist nur halb wahr", Doktor Bates Wörter unterbrechen meine Gedanken. Neugierig schaue ich wieder nach oben.

„Der gute Gott – wie ich bereits erwähnt habe – hat uns einen wunderbaren Körper beschert. Egal wie wir ihn zugeladen haben, sobald das Gewicht der Spannung und des Gedankenzwangs erleichtert wird, taucht er immer wieder auf."

„Sie meinen, auch die schlechtesten Augen können tatsächlich wieder normal sehen?", frage ich hoffnungsvoll.

„Genau so ist es, Miss Miller. Allerdings hängt der Erfolg nur von dem Patienten ab. Ich kann Ihnen einige Entspannungsübungen zeigen. Jedoch müssen Sie bereit sein, Ihr Leben zu ändern, und vor allem, zu erleichtern. Ebenfalls sollten Sie bereit sein, auf Ihre *Deformierungskrücke* zu verzichten" „Dr. Bates, ich bin für alles bereit."

„Denken Sie immer daran, weniger Ego und mehr Natur. Überlegen Sie weniger und erleben Sie mehr."

Die Dame mit dem langen, hellen Kleid ist ruhig und interessiert der Konversation gefolgt.

Jetzt nähert sie sich: „Dr. Bates, es gibt noch Patienten draußen."

„Natürlich, Mrs. Lier", sagt er. Dann wendet er sich an mich: „Miss Miller, jetzt kennen Sie den Kern meiner Therapie. Sie können sich nun entscheiden."

„Dr. Bates," strahle ich, „es ist gewiss, dass ich mit der Therapie anfange."

„Das freut mich", lächelt er. „Dann kommen sie nächste Woche Donnerstag wieder, um vier Uhr Nachmittag."

Herr Doktor Bates verabschiedet sich mit einem warmen Händeschütteln.

Glücklich verlasse ich das Harlem Hospital.

Ich fühle mich so leicht, wie von einer Wolke getragen. Auch der Nebel draußen hat sich aufgelöst. Ich hatte mich seit langer Zeit nicht mehr so wohl gefühlt. Die Idee, dass ICH mein Leben ändern kann, gibt mir eine neue Sicherheit.

Ich spüre, ich kann endlich die Verletzung und den Schmerz loslassen. Ich kann die Erinnerungen loslassen. Ohne mich dabei schuldig zu fühlen.

Ich schaue nach oben und beobachte den grauen Himmel und die Gebäude um mich herum.

Ich laufe wieder durch den schlammigen Schnee. Aber jetzt habe ich keine Angst mehr, hinzufallen.

Ich freue mich auf den baldigen Frühling und spüre die Schönheit und die Leichtigkeit des Lebens. Dann höre ich eine Stimme, die mich ruft.

Kathrin dreht sich aber nicht.

Sie läuft sicher auf dem Bürgersteig weiter. Auf der breiten Straße, die vom Kohlgeruch eingehüllt ist.

Die Stimme ruft sie weiter.

Nein!

Die Stimme ruft Chiara.

Komisch. Ich höre Marcos Stimme …

„Chiara, wach auf!"

Verwirrt öffne ich meine Augen.

„Chiara, ich habe Angst gehabt. Ich schüttele dich die ganze Zeit und …"

„Oh, hallo Marco, du bist so früh nach Hause gekommen …"

„Chiara, es ist ein Uhr nachts. Aber, fühlst du dich wohl?"

„Ja, ich habe mich, ich hatte nur kurz, die Augen zugemacht …" „Ja, von wegen!", lacht er erleichtert. „Ich habe beinah gedacht, du hättest Schlaftabletten genommen."

„Und wie war die Besprechung?", frage ich, um seine Aufmerksamkeit abzulenken.

„Großartig. Wir haben endlich ein großes Problem gelöst. Die Einzelheiten erzähle ich dir aber morgen. Lass uns jetzt schlafen gehen."

„Ich brauche noch einen Augenblick. Ich komme gleich nach."

Ich schaue mich um und atme tief ein und aus. *Ja, ich bin wieder daheim.*

Und mein Mann hat das Messingkästchen nicht bemerkt.

Gott sei Dank!

Ich kontrolliere den Inhalt. Es gibt weiterhin fünf Flaschen. Und diejenige mit der Nummer „I" ist tatsächlich leer.

Während Marco im Bad ist, verstecke ich schnell das Messingkästchen im Nachttischschrank, hinter der kleinen Bücherarmee.

Der realistische Alltag …

… fängt mich wieder, als ich Klaus auf der Treppe des Physikalischen Instituts begegne.

„Guten Morgen, Chiara. Hast du schon alles fertig für die Tagung?", fragt er mich fröhlich.

„Ja, fast alles. Entschuldige mich, aber ich habe es jetzt eilig. Schönen Tag noch."

Ich laufe vor meiner eigenen Lüge weg.

In drei Tagen findet der Kongress in Jena statt und ich habe immer noch nicht an meinem Vortrag gearbeitet.

Was für eine ungewöhnliche Situation. Die pflichtbewusste, vorbildliche Wissenschaftlerin vernachlässigt ihre Arbeit.

Seitdem ich die erste Reise in mich gemacht habe, fühle ich mich anders.

Sogar meinen Körper, meine Bewegungen nehme ich anders wahr.

Die Welt um mich verliert ihre Selbstverständlichkeit: *was ich gerade sehe, ist es wirklich da oder nicht?*

Und manchmal fühle ich mich so leicht, dass ich nach unten schauen muss: *laufe ich noch oder schwebe ich gerade?*

Am Tag nach meiner ersten Reise rufe ich Ines an, und erzähle ihr alles. Was ich erlebt habe und wie ich mich gerade fühle.

Auf der anderen Seite lacht die Hexe herzlich und gratuliert mir: „Ich höre, dass du Fortschritte machst, Chiara."

„Ja, aber was bedeutet das? Ist das nur ein Traum gewesen? Und welche Illusion habe ich befreit? Und was muss ich jetzt tun?" *Und … …*
„Chiara", unterbricht mich Ines „die Bedeutung kannst nur du selber finden. Hab' mehr Vertrauen in dich."

Was? Soll ich jetzt alles alleine machen? Womit fange ich an?

Als erster Schritt suche ich Informationen über Doktor Bates. Der, in der Tat, gelebt hat.

Dr. William Bates, geboren 1860 in Newark, New Jersey und gestorben 1931 in New York.

Diplomarbeit in Medizin im Jahr 1885. Ophthalmologie-Professor zwischen 1886 und 1891 am „Post-Graduate Medical School and Hospital" in New York.

Wegen Uneinigkeit mit der geltenden Theorie der Augenanpassung, verließ er seinen Lehrstuhl, und trat in die „Columbia University" als Wissenschaftler ein.

Hier führte er wissenschaftliche Experimente und untersuchte Tausende von Augenpaaren mit dem Retinoskop. Er stellte fest, dass die Augenbrechungseigenschaften ungeheuer stark mit dem emotionalen Zustand der Patienten zusammenhingen.

1902 verließ er New York und zog nach North Dakota, wo er seine Methode bei kurzsichtigen Schulkindern anwendete. 1910 kehrte er wieder nach New York zurück, und arbeitete gleichzeitig am „Harlem Hospital" und in Schulen. Ab 1923 arbeitete er privat bis 1931, das Jahr seines Todes.

Während ich im Internet surfe, erinnere ich mich an ein Buch, das ich vor vielen Jahren gelesen habe. Es behandelte die Heilung von Augenkrankheiten.

Damals fand ich die Idee zwar faszinierend, die Bereitschaft auf meine Brille zu verzichten kam für mich allerdings nicht in Frage.

Von meiner Brille hängt meine Sicherheit ab.

Das Buch landete kurz danach in einem dunklen Teil meines Gedächtnisses.

Im Internet entdecke ich nun doch ein paralleles Universum: Augenübungen, Muskelentspannungstheorie, Hypnose und Lebensphilosophien, die das Sehvermögen stabilisieren, verbessern und sogar heilen können.

Alle Bücher, Therapien und Übungen beziehen sich mehr oder weniger direkt auf Dr. Bates' Studien.

Komisch, davon hat mir nie ein Augenarzt erzählt.

Allerdings kann ich mir immer noch nicht erklären, was auf der inneren Reise geschehen ist.

Vielleicht habe ich mich nur an den Inhalt des Buchs erinnert, das ich damals gelesen habe.

Und Kathrin?

Woher sollte ich ihr ganzes Leben kennen? Und wie soll ich dieses Erlebnis in New York erklären? Das war kein Traum!

Bin ich vielleicht Kathrin in einem vorherigen Leben gewesen? Existiert dann die Reinkarnation doch?

Ja! Das ist die einzige Erklärung!

Eine Woche später rufe ich Ines erneut an und teile ihr stolz meine Schlussfolgerungen mit.

Und wieder werde ich von ihrer trockenen Antwort enttäuscht: „Was du in der Vergangenheit erlebt hast oder wer du gewesen bist, ist nur wichtig, damit du dich selbst finden kannst. Alles andere ist wieder gedankliche Tüftelei."

Mist! Und nun?

Mir wird klar, dass ich durch Recherchen, Spekulationen oder Überlegungen nicht weiter komme!

Ich muss etwas Konkretes tun.

Was mag Kathrin nach dem Treffen mit Doktor Bates gemacht haben? Sicher Augenübungen!

Und das ist gerade das, was ich tue. Ich erkenne mich in Kathrin, denn auch mir wurden während der letzten zwanzig Jahren immer stärkere Gläser verschrieben.

Ab jetzt nehme ich mir jeden Tag Zeit – zehn bis zwanzig Minuten – und lerne meine Augen zu entspannen.

Das ist eine ganz neue Situation! Die Übungen sind leicht und machen Spaß.

Abwechselnd führe ich das „Palming" – ich bedecke meine geschlossenen Augen mit den Handflächen, atme bewusst und entspanne mich; das „Swinging" – ich schwinge meinen Kopf abwechselnd nach rechts und nach links und lasse die Welt um mich herum einfach vorbeiziehen; oder das „Umranden" – ich umrande die Umrisse eines Objektes und nehme dabei jede seiner Einzelheiten wahr.

Und noch wichtiger: ich setze meine Brille ab, wenn ich sie nicht unbedingt brauche, wie beim Lesen oder im Haushalt.

Bereits nach ein paar Tagen merke ich, dass meine Augen nicht mehr so schnell müde werden.

Als nächstes nehme ich Kontakt mit einer Augenärztin auf – Frau Dr. Wecker – die an die Bates Methode glaubt und mir leicht schwächere Gläser verschreibt, damit ich selber eine eventuelle Verbesserung bemerken kann.

„Kaufen Sie sich eine Fitness-Brille, Frau Lemme, und trainieren Sie damit Ihre Augen."

„Glauben Sie wirklich, dass mein Sehvermögen sich bessern kann?", frage ich sie hoffnungsvoll.

„Lassen Sie sich Zeit. Gönnen Sie sich Ihre Augenübungen weiter und nach dem Sommer kommen Sie wieder für einen Sehtest."

Für das erste Mal verlasse ich eine Augenarztpraxis voller Freude.

Und so dreht sich mein Leben, als ich Klaus auf der Treppe des Physikalischen Instituts begegne, der mir mit seiner harmlosen Frage meine Verantwortung bewusst macht.

Ich verbringe die letzten zwei Tage vor dem Kongress mit Fotos, Diagrammen und Formeln für meinen Vortrag.

Es geht doch alles sehr schnell!

Heute ist Sonntag.

Marco und Luca begleiten mich zum Bahnhof.

Die Sonne scheint und ich spüre ein vages Schuldgefühl. Vielleicht weil ich gerade meinen kleinen Sohn verlasse. Außerdem fühle ich mich nervös, denn mein Vortrag findet direkt am nächsten Tag statt.

Um 10:14 Uhr ist der Zug abfahrbereit.

Marco, Luca und ich umarmen uns zärtlich und Lucas trauriger Blick fährt mit mir nach Jena.

Am Montag läuft der Vortrag viel besser als ich gedacht habe.

Ich fühle mich entspannt und habe keine Erwartungshaltung. Ich präsentiere die Ergebnisse meines letzten Forschungsjahres, und weder suche noch brauche ich Bestätigung.

Das Publikum merkt angeblich meine Gelassenheit, denn nach meinem Vortrag wird mir wegen der Klarheit meiner Rede gratuliert.

So einfach geht das?

Im Kongresszentrum treffe ich mehrere ehemalige Kollegen, die ich seit langem nicht mehr gesehen habe.

Wir verabreden uns zum Abendessen.

Ich freue mich darauf. Ich denke an die „alten, schönen" Zeiten, die wir miteinander verbracht haben.

Allerdings läuft auch diesmal alles anders als erwartet.

Nach dem Meeting sitzen wir mit fröhlicher Stimmung in einer Kneipe der Innenstadt.

Wir essen und trinken. Die Unterhaltung läuft auf hohen Touren. Alle erzählen begeistert von ihren beruflichen und privaten Erfolgen.

Meine Augen bewegen sich von einem Gesicht zu dem anderen. Mein Bauch kribbelt.

Hier stimmt etwas nicht!

In meiner Wahrnehmung klingen ihre Wörter traurig und leer. Sie vermitteln mir eher ein Gefühl der Angst und der Verunsicherung. Ich sehe die Täuschung und erkenne die Lügen, die sich hinter der fröhlichen Maske verstecken.

Ist es wirklich so? Oder bilde ich es mir nur ein?

Ich fühle mich von diesem Abend so gerührt, dass ich die nächsten zwei Tage alleine verbringe.

Ich will keinen treffen. Noch weniger ins Kongresszentrum gehen.

Die wichtigen Vorträge, die ich angekreuzt habe, werden nach und nach gestrichen. Ich brauche eine Pause. Für mich.

Am Dienstag ist das Wetter wunderschön. Der wolkenlose Himmel und die kalte Februarsonne lassen die Umrisse der Häuser und der Bäume ganz scharf aussehen.

Ich bummele durch die Straßen der Innenstadt, setze mich in ein Café, lese und beobachte die Welt um mich herum.

Im Hotel setze ich meine Augenübungen fort.

Am Mittwoch gehe ich – für das erste Mal nach vielen Jahren – ohne Brille aus. Und erlebe mein Sehen so wie es ist.

UNVOLLKOMMEN.

Dabei nehme ich die tiefste Unsicherheit wahr, denn ohne Brille kann ich nicht mehr alles unter Kontrolle haben.

Ich bin doch verrückt geworden!

Was ich wirklich als verrückt empfinde, ist, dass ich auch ohne Brille viel sehen kann.

Ist meine Abhängigkeit von der Brille auch nur eine Illusion?

Ich mache einen langen Spaziergang, sehe noch einmal die Stadt mit „nackten" Augen und fühle mich ganz frei.

Am Nachmittag sitze ich auf einer Bank am Marktplatz.

Ich denke an meine Reise, an Kathrin, an Dr. Bates' Theorie und an Ines' ernüchternde Worte.

Und da verlieren die Bilder und die Klänge um mich ihre sequenzielle Ordnung. Die Farben mischen sich und alles wird weiß, wie am Tag meiner ersten Kommunion. *Großer Gott!*

Erst jetzt wird es mir bewusst: Es gibt etwas jenseits der Realität, die ich mir aufgebaut habe. Daher habe ich immer mit der Brille ein Gefühl der verlorenen Freiheit assoziiert!

Ich habe mich seit der Pubertät gezwungen, die Realität starr anzusehen.

Ich habe mich seit der Pubertät gezwungen, meinen Entscheidungen treu zu bleiben. Und an meiner Meinung festzuhalten. Und mein „Image" um jeden Preis zu verteidigen.

Um jeden Preis.

Wie Kathrin habe ich ein schweres Gewicht durch mein Leben mitgeschleppt.

Das Bild der guten Tochter, der fleißigen Wissenschaftlerin, der treuen Freundin, der liebevollen Mutter.

Alles fest im Griff.

Ich habe nie etwas losgelassen, aus Angst ich hätte dabei meine Identität verlieren können.

Und jetzt auf dieser Bank auf dem Marktplatz in Jena werde ich von vielen Fragen, und von vielen Zweifeln angegriffen.

Wer zwingt mich, in der Doppelrolle der Mutter und Karrierefrau zu arbeiten?

Wer verpflichtet mich, immer alle befriedigen zu müssen?

Wer sagt mir, dass meine Freude ständig die Bestätigung der ganzen Welt braucht?

Die Antwort lautet immer: ich, ich und nochmals ich.

Keiner zwingt mich.

Keiner beschuldigt mich.

Keiner beurteilt mich.

Keiner.

Außer mir.

Aber WER bin ich dann?

Bin ich nur ein Durcheinander von unordentlichen Emotionen oder bin ich doch der „Homo Faber", die Schmiedin meines Schicksals?

Und die Realität, die ich erlebe: gibt es die wirklich?

Oder ist sie auch eine Illusion?

Die Antwort – ist mir klar – kann ich nur mit einer zweiten Reise finden.

Als ich von der Bank am Marktplatz wieder aufstehe, spüre ich meinen Körper vor Kälte kaum noch. Und dennoch fühle ich mich wach wie selten zuvor.

Mir ist bewusst, dass mein Aufenthalt in Jena beendet ist.

Am Mittwochabend packe ich meine Sachen ein und am nächsten Vormittag nehme ich den Zug nach Bonn.

Einen Tag früher als geplant.

Die Realitätsessenz sind die Emotionen …

… entdecke ich in meiner zweiten Reise.

„Bist du fertig, Chiara?", flüstert Marco „Ja, ruf das Taxi", antworte ich genauso leise.

Mein Mann nimmt das Telefon, während ich den noch halbschlafenden Luca in meinen Armen trage.

Die Koffer stehen bereits an der Eingangstür.

Es ist sechs Uhr morgens. Um acht Uhr startet unser Flug nach Teneriffa.

Ich beobachte, wie es draußen langsam hell wird und rieche die kalte Luft, die schon nach Frühling duftet. Ein kindliches Gefühl der Leichtigkeit und des Glücks breitet sich in mir aus.

Das Taxi fährt schnell durch die leeren Straßen des Samstagmorgens und eine halbe Stunde später stehen wir schon in der Check-in Schlange.

Oben, über den Wolken bewundere ich die Landschaft: die Felder, die Hügel, die Berge und dann, endlich, das Meer. Unter der Sonne glitzert der Ozean wie eine Sternennacht.

Bezaubernd.

Das Zimmer hat den angekündigten Meeresblick und das Hotel bietet all die Extras, die uns das Reisebüro versprochen hat: Swimming Pool, Privatstrand, Tennisplätze.

Ich genieße die warme Sonnenumarmung, die Ausflüge auf der Insel, den Blick auf den vom Schnee bedeckten Teides.

Aber ich denke häufig an das Messingkästchen, das im Nachttischschrank geblieben ist, mit vier Ampullen. Eine habe ich der Bücherarmee entrissen. Sie liegt in meiner Handtasche, eingehüllt in einen Plastikbeutel voller Watte.

Ich weiß, dass ich innerhalb dieser zwei Wochen den zweiten Zauberfilter trinken werde.

Die Idee macht mich ungeduldig und ein wenig nervös.

Was wird auf der zweiten Reise geschehen?

Ich warte gespannt auf den Moment.

Einen Abend erzählt der junge, ein wenig aufdringliche Hoteldiener über den wunderschönen Adlerpark am Fuß des Vulkans.

„Hai mai mirato a un aguila? – Hast du je einen Adler gesehen?", fragt er Luca in einem improvisierten Italienisch.

„Sì, nel libro della talpa. – Ja, im Maulwurfbuch" antwortet mein Sohn, der in den letzten Tagen seinen italienischen Wortschatz mit dem spanischen vermischt hat. „No, un aguila vera, grande …", erwidert der junge Mann.

Luca und Marco sind so begeistert, dass sie direkt am nächsten Tag den Adlerpark besichtigen möchten.

Ich schmunzele.

In vier Tagen fliegen wir nach Hause zurück und der Moment ist endlich gekommen.

Beim Frühstück teile ich Marco mit, dass ich heute morgen doch lieber im Hotel bleibe.

„Der Swimming Pool ist immer leer um diese Zeit. Ich habe Lust auf ein paar Stunden Sonne, Wasser und Ruhe", flüstere ich ihm ans Ohr.

„Ich gestatte dir einen freien Vormittag, Schatz," küsst er mich leicht auf die Wange, „aber du schuldest mir einen romantischen Abend zu zweit."

Unsere Blicke treffen sich und wir lächeln uns an.

Luca hat mittlerweile alles für die „Expedition" fertig eingepackt und diesmal verabschiedet er sich ohne Träne und ohne Erpressungen.

Sobald sie weg sind, gehe ich in unser Zimmer und hänge das „Do not disturb" an die Türklinke.

Ich betrachte den unwiderstehlichen Meeresblick und setze mich in den Korbsessel auf der Terrasse. Hier trinke ich den Zauberfilter aus der Ampulle mit der Nummer „II".

Ich fühle mich entspannt, atme die warme Luft ein, und schließe bewusst meine Augen.

Ich öffne sie kurz danach und schaue in den strahlenden, blauen Himmel über mich.

Die Luft ist plötzlich kälter geworden und ich lege instinktiv meine Hände auf meine Arme.

MEINE HÄNDE?

Meine schönen, langen, schlanken Hände sind breit und haarig geworden.

Mein Gott!

Ich erinnere mich an die Filmszene mit Spencer Tracy vor dem Spiegel, während Dr. Jekyll entsetzt seine Umwandlung in Mr. Hyde betrachtet. In Panik versetzt, schaue ich mich um.

Ich brauche dringend Hilfe, aber wo befinde ich mich überhaupt?

Ich sitze auf einer Bank in einem idyllischen Stadtpark. Ringsherum stehen viele schöne Gebäude. Die blühenden Kastanien werfen ihre Schatten auf eine von Gänseblümchen weiß gefärbte Wiese.

Zwei Männer gehen an der Bank vorbei. Sie tragen dunkle, sehr elegante Anzüge und haben beide einen Zylinderhut auf dem Kopf. Sie drehen sich und heben leicht ihre Hüte an. „Guten Morgen!", grüßen sie mich.

„Guten Morgen!", lautet meine Stimme, während ich meinen Zylinder auch leicht aufhebe.

MEINE STIMME?

Meine Stimme klingt ungewohnt tief.

Was für ein merkwürdiges Gefühl …

… ich stecke buchstäblich in einer männlichen Haut!

Eingehüllt in den Körper des jungen Alfons. Der junge Alfons von Berkum.

„23 Jahre, kultivierter und sensibler Mann, der Literatur und der Poesie gewidmet."

So sagt immer Mutter.

Mutter …

Eine ruhige Verzweiflung sickert durch meine Gedanken.

Mutters Stimme schallt weiter in meinem Kopf: „Nun hat Alfons sein Jurastudium beendet und kann endlich seinen Vater in der Notarkanzlei unterstützen. Unser Alfons. Unser einziger Sohn."

Meine ruhige Verzweifelung vibriert vor Groll.

„Und, im Herbst wird unser Alfons endlich seine Henriette heiraten."

NEIN!

Ich fühle mich in einer Sackgasse gefangen und spüre einen Felsblock im Herzen.

Der junge Alfons.

So sagen alle. Schon immer erlebe ich viel Begeisterung und Verhätschelungen um meine Person. Nun ist *der junge Alfons* ein Mann geworden, und wird in eine Bahn gezwungen, die nicht seine eigene ist.

Wieso kann mich keiner verstehen?

Die nächsten Jahre, mein ganzes Leben in der muffeligen Kanzlei verbringen.

Und die dumme Gans Henriette heiraten!

Ich fühle Ärger, und den Wunsch nach Genugtuung, nach Rache.

NEIN!

Ich will schreiben. Die Poesie ist meine Berufung. Und ich will frei sein, frei sein, um Laura lieben zu können.

Laura.

Meine Göttin, mein Engel, meine Muse. Zum Teufel mit all dem Rest!

Laura …

… Laura ist meine unmögliche Liebe.

Sie ist bereits mit dem Grafen verheiratet.

Ich schaue meine Hände an, zwei zitternde Fäuste. Nur für einen

Augenblick, dann kehre ich wieder zu meiner ruhigen Verzweifelung zurück und ziehe eine goldene Uhr aus meiner Westentasche.

Zehn Uhr dreißig.

Merkwürdig. Er sagte, er käme jeden morgen um zehn Uhr hier vorbei.

„Auf Wiedersehen im Park, Herr von Berkum." Mit diesem Satz hat sich Schopenhauer vor zwei Tagen verabschiedet.

Arthur Schopenhauer.

Ein Philosoph.

Ein Verrückter.

Derjenige, der die Welt auf den Kopf stellt.

Als ich ihn in Mutters Salon sah, spürte ich direkt einen frischen Luftzug. Genauer gesagt, einen Sturmwind, der meine Sinne durchwirbelte.

Es geschah vorgestern.

Ich trete in den Salon nur für den täglichen Höflichkeitsgruß an Mutter mit einer Liste voller Termine, die mich auch diesmal daran hindern werden, an der pedantischen Diskussion teilzunehmen.

Jedoch war vorgestern die Atmosphäre nicht ruhig und überholt, wie immer.

Der übliche Kreis von verknöcherten Literaten und Pseudokunstliebhabern wird heute morgen von der Verkörperung des „Sturm und Drang" gerüttelt.

Arthur Schopenhauer.

Ich sehe in meiner Erinnerung einen schlanken Mann, nicht mehr jung, jedoch voll Leidenschaft, mit lockigen, unordentlichen Haaren.

Er steht da, in der Mitte des Salons, und zischt theatralisch den Baron an: „Hegel? Der Lehrer? Derjenige, der den größten Unsinn der Philosophiegeschichte auftischte? Nein, mein lieber Baron. Zitieren Sie, wen Sie wollen. Aber, bitte, nicht diesen komischen Schreiberling."

Um Himmels Willen.

Wie vom Blitz getroffen bleibe ich an der Türschwelle und höre diesen

Teufelsmann, der vehement behauptet, die Welt existiere nicht. Sie sei nur eine Vorstellung. Eine Illusion.

Ist das möglich?

Ich bin mit der Philosophiegeschichte vertraut. Ich habe die Werke von Kant gelesen. Und Hegels Bücher sind mir ebenso bekannt. Allerdings sehe ich die Philosophie als rein intellektuellen Zeitvertreib. Eine Art Kopfspiel für die Rhetorikliebhaber.

Nichts im Vergleich zur Literatur, geschweige denn zur Poesie.

Die Poesie, die Schwingungen, die das Herz entflammen und kurz den Menschen das pure Glück erleben lassen.

Aber Schopenhauers Begeisterung, seine Worte und vor allem seine Präsenz fesseln mich an die Salonschwelle.

Was geschieht hier heute?

Arthur Schopenhauer verabschiedet sich einige Minuten später von Mutter, und an der Tür lächelt er mich an. Ich stelle mich prompt vor.

„Ach, der junge von Berkum", ruft der Philosoph aus „Eure Mutter hat mir erzählt, Ihr seid ein Dichter. Allerdings ist mir Euer Werk unglücklicherweise noch unbekannt."

Trotz der leichten Ironie, die ich in seinem Ton spüre, und im Gegensatz zu meiner schüchternen Natur, nutze ich direkt diese Gelegenheit aus.

„Ich kann Euch jetzt meine letzten Gedichte zeigen, wenn Ihr wollt, Schopenhauer."

Gott! Keiner hat bis jetzt meine letzten Gedichte gelesen, da enthülle ich meine Gefühle für Laura. Und diese will ich einen Fremden lesen lassen?

„Ach nein, von Berkum. Im Augenblick bin ich in Eile", lehnt der Meister die Einladung ab.

„Ich bestehe darauf. Ich habe zwei Gedichte drüben, in meinem Büro. Lasst bitte, dass ich sie Euch mitgebe. Ihr könnt sie in aller Ruhe lesen."

Ich weiß nicht, was mit mir geschieht, aber ich brauche die Bestätigung dieses Mannes.

„In Ordnung", gestattet Schopenhauer, „ich werde sie lesen."

Schnell laufe ich zu meinem Schreibtisch und befreie die zwei Juwelen aus einer abgeschlossenen Schublade.

Der Philosoph bekommt die zwei Pergamente in die Hand gedrückt.

„Und wann werde ich Euch wiedersehen?", frage ich ungeduldig.

„Ich habe Eurer Mutter versprochen, ich werde sie in den nächsten Wochen wieder besuchen", antwortet er unbekümmert.

Aber ich kann nicht eine so unbestimmte, lange Zeit warten.

„Schopenhauer, sagt mir wann …"

„Ach, vielleicht treffen wir uns in der Stadt. Ich gehe immer durch den Stadtpark morgens um zehn Uhr, wenn ich meine Vorlesungen halte. Auf Wiedersehen im Park, von Berkum."

Mit diesem Satz hat sich der Philosoph vor zwei Tagen verabschiedet.

Ich kontrolliere noch einmal meine goldene Uhr.

Fast elf Uhr und der Meister lässt sich immer noch nicht blicken.

Ach …, ich seufze und stehe auf.

Ich werde wohl morgen wiederkommen.

Während ich den Stadtplatz überquere, bemerke ich in der Ferne die unverwechselbaren, lockigen Haare und die bekannte Figur, mit dem breiten, sicheren Schritt.

Arthur Schopenhauer!

Ich renne und erreiche ihn schnell.

„Schopenhauer, ich freue mich, Euch wiederzusehen!", keuche ich, während ich ihm meine Hand reiche. „Ich habe heute morgen auf Euch im Stadtpark gewartet. Ihr seid allerdings nicht vorbei gekommen."

„Der Grund ist, lieber von Berkum, dass ich heute keine Vorlesungen halte."

Das Handschütteln von Schopenhauer ist außerordentlich energisch.

„Und sagt mir", setzte ich ungeduldig fort, „habt Ihr meine Gedichte gelesen?"

„Jawohl, ich habe sie gelesen", schaut er mir direkt in die Augen „Ich werde Euch die Pergamente so bald wie möglich zukommen lassen", fügt er trocken hinzu.

„Nein, Ihr könnt sie noch behalten, wenn Ihr wollt. Was mich interessiert, ist Eure Meinung."

„Sagt mir, von Berkum, aus welchem Grund ist mein Urteil Euch so wichtig. Mein Hauptinteresse ist die Philosophie, nicht die Literatur."

„Seid nicht bescheiden, Schopenhauer. Ihr seid einer der kultiviertesten Männer in Frankfurt und wie ich es vorgestern beobachtet habe, einer der intelligentesten. Euer Urteil ist mir wichtiger als jedes andere."

„In Ordnung, von Berkum, wenn Ihr darauf besteht."

Der Meister gönnt sich eine Pause, während ich gespannt auf das Urteil warte. Ich weiß, dass ich gut schreiben kann.

„Ich finde Eure Gedichte banal, langweilig und unlebendig."

So fällt der Meister das Urteil. Knapp und klar. Ein Dolchstoß, der mein Herzen direkt durchbohrt.

„Wie bitte? Was habt Ihr gesagt?", flüstere ich, ungläubig.

Keiner hat mir jemals solche grausamen Wörter gesagt, und ich kann so gut schreiben!

„Von Berkum", fügt mitleidlos der Meister hinzu, „Ihr habt mich nach meiner Meinung gefragt und ich habe sie Euch gegeben."

„Ich verstehe es, aber warum?", protestiere ich. „Ich …, in den Gedichten habe ich meine inneren Gefühle ans Licht gebracht. Ich habe meiner Leidenschaft, und meiner Liebe, und meiner Lebenslust Stimme gegeben."

Ich will mich rechtfertigen. In der Hoffnung, dass sich das grausame Urteil ändert, ich kann so gut schreiben!

Allerdings merke ich selber, wie schrill meine Stimme klingt und wie pathetisch meine Gesten aussehen.

„Das ist es, von Berkum!", Schopenhauers Blick ist genauso durchdringend wie seine Worte. „Das ist Euer Problem. Ihr wisst nicht, was

Leidenschaft bedeutet. Ihr wisst nicht, was Liebe bedeutet. Und noch weniger wisst Ihr, was Leben ist."

Der Teufelsmann gönnt sich noch eine Pause. Die mir ewig lang vorkommt.

Ich bleibe stumm.

„Lieber von Berkum, Ihr habt, zusammen mit Eurer Erziehung, ein Bild bekommen, auf dem das Konzept *Leben* aufgemalt ist. Nun seid Ihr ein Mann geworden, und Ihr habt Euch noch nicht die Mühe gegeben, jenseits des Rahmens Eures idyllischen Gemäldes zu schauen."

Aber …, aber …, aber!

Dieser Satz entthront mich endgültig. Es ist das erste Mal, in meiner vergoldeten Existenz, dass meine Eigenliebe auf den Boden geworfen und verprügelt wird.

„Ihr meint, dass ich der Realität näher kommen sollte?", erwidere ich und versuche dabei, wieder zu mir zu kommen.

„Von Berkum, Ihr deklamiert die Liebe. Ihr sehnt Euch nach der geliebten Frau, die eindeutig nicht Eure Verlobte ist. Hinter Euren pathetischen Reimen, verbirgt sich Euer Willen. Der Wille, das schöne Mädchen mit Rehaugen zu besitzen. Diese Leidenschaft verursacht Schmerz und schafft Sehnsucht. Eure Genitalien sind Eurem Intellekt deutlich überlegen."

Jetzt ist mir klar. Das ist ein Traum. Genauer gesagt ein Alptraum.

Dieser Teufelsmann verleumdet meine Liebe für Laura und geißelt meine Person.

Wie erlaubt er sich das nur?

„Schopenhauer, wie erlaubt Ihr Euch so eine Unverschämtheit?", klingt noch schriller meine Stimme „Von Berkum, Ihr wisst doch, dass ich die Wahrheit sage."

Es vergehen einige, langen Augenblicke.

Ich fühle mich zwar empört und beleidigt. Aber der Meister hat doch ins Schwarze getroffen.

Ich sehe mich jetzt am Schreibtisch, während meine Verse auf dem Papier Form nehmen.

Dann verwandelt sich das Bild. Ich sehe Laura vor meinen Augen. Laura, ihr Duft, Laura, ihr Porzellangesicht, Laura, ich erlebe meine Begierde, Laura in meinen Armen festhalten, sie von ihren Kleidern befreien und zärtlich lieben …

„Geht in Eurer Liebesgeschichte weiter!", spornt mich Schopenhauer an. Als ob er meine Gedanken sehen könnte. „Was wird übrig bleiben, wenn Ihr Eure Geliebte in der Tat besessen habt? Was wird von Eurer poetischen Idylle übrigbleiben?"

Ich bin sprachlos.

„Versteht Ihr mich von Berkum? Einmal, dass die Leidenschaft gestillt ist, wird diese Sehnsucht, dieser Schmerz verschwinden. Und Eure Gedichte werden ihren Existenzgrund verlieren. Nach einem exstatischen Moment, werden die dunklen Augen Eurer Geliebten denen der anderen Frauen ähnlich. Ihr Busen wird nicht mehr so verführerisch sein, ihr Mund nicht mehr so unwiderstehlich. Ihr wisst schon, wovon ich rede."

„Ja, ich glaube ja!", antworte ich ernüchtert.

„Einmal, dass Euer Wille gestillt ist, werdet Ihr wieder in die Langweile versenken. Die noch unerträglicher ist als die Sehnsucht und der Schmerz."

Schopenhauer nähert sich. Seine Stimme wird ein Flüstern. Das Flüstern des Gewissens.

„Aber es wird nicht lange dauern. Der Wille wird weiter suchen und bald ein neues Begierdeobjekt finden!" „Meint Ihr eine andere Frau?"

„Vielleicht eine andere Frau. Vielleicht die Politik. Vielleicht das Geld. Der Willen findet immer ein Begierdeobjekt."

„Ihr meint, ich sollte lieber mit der Poesie aufhören?", frage ich verängstigt.

„Ich sage es Euch noch einmal, von Berkum. Ich bin kein Dichter. Werdet Euch aber bewusst, dass Eure deklamierte Liebe in der Tat nur von niedrigen Instinkten diktiert wird. Hört mit der *Leidenschaft* auf, und konzentriert Euch lieber auf die ästhetische Seite Eurer Poesie."

Der Philosoph schaut mich lächelnd an und fügt hinzu: „Tadelt Euch aber nicht deshalb. Den anderen – mir auch – geht es nicht besser."

„Was meint Ihr jetzt?", frage ich verwirrt.

„Den Willen, von Berkum. Ich meine den Willen." „Seid Ihr auch ein Opfer Eures Willens?", wage ich.

„Lieber von Berkum, vorgestern habt Ihr mich von der Welt als Vorstellung sprechen hören." „Ja, und ich wurde davon tief berührt."

„Seht Ihr, von Berkum, die Vorstellung hat immer zwei wesentlichen Hälften: Auf der einen Seite ist das bekannte Objekt. Auf der anderen Seite ist das kennende Subjekt."

Ich nicke mit dem Kopf, obwohl die Logik dieser Rede mir noch unbekannt bleibt.

„Wenn das Subjekt kennt", setzt Schopenhauer fort, „verwendet es seine einzige Form: das Kausalitätsgesetz. Wir kennen die äußere Welt anhand von Ursache und Wirkung."

„Ja, aber …" „Spürt Ihr diese herrliche Brise?", unterbricht mich mein Gesprächpartner und wartet nicht auf meine Antwort. „Der leichte Wind lässt die Blätter der Bäume wogen. Ursache und Wirkung. Jede Aktion, egal wie banal, verursacht eine andere, und diese wiederum eine neue und so weiter. Die Realität der Materie versiegt in ihrer Kausalität, das heißt in der Aktion. Daher spreche ich von WIRKEN und von WIRKLICHKEIT."

Wirken und Wirklichkeit. Interessant.

„Das Kausalitätsprinzip verbindet den Raum mit der Zeit. Der Billardstock, der den Ball trifft, lässt ihn durch den RAUM rollen und nach einiger ZEIT – mit einer gewissen Geschicklichkeit – geht dieser ins Loch."

„Ich sehe allerdings keine Verbindung zwischen dieser Wirklichkeit und der Leidenschaft, die mich rüttelt".

„Bis jetzt habe ich von dem kennenden Subjekt, das heißt vom Intellekt, gesprochen. Allerdings bringt uns der Intellekt nicht jenseits der mit den fünf Sinnen spürbaren Welt. Durch den Intellekt klassifiziere ich die Vielseitigkeit der Welt, die in sich eine Illusion ist. Diese Illusion verdunkelt die Realitätsessenz." „Die Realitätsessenz?", frage ich überrascht und neugierig. „Und was ist die Realitätsessenz?"

Kennt dieser Mann die Realitätsessenz?

„Der Wille, mein lieber von Berkum. DIE REALITÄTSESSENZ IST DER WILLE."

„Der Wille? Aber welcher Wille? Meint Ihr, dass wenn ich etwas tief begehre, kenne ich das Objekt meiner Begierde?"

Schopenhauer lächelt geduldig: „In Ordnung, von Berkum. Machen wir jetzt ein Experiment."

Ein Experiment? Um Gottes Willen. Was hat er jetzt vor?

„Macht Eure Augen zu und schließt die Wahrnehmung der äußeren Welt aus. Schließt diesen Platz, den Lärm und meine Anwesenheit aus. Was spürt Ihr?"

Ich schließe meine Augen und fühle mich in einen dunklen, einsamen Ort projiziert.

Es vergehen einige langen Augenblicke.

„Ich spüre meinen Atemrhythmus und fühle ein leichtes Pulsieren in meinem Körper", antworte ich langsam.

„Das ist Euer Bewusstsein, das Bewusstsein, dass es Euch gibt. Die Philosophen nennen es *Selbstbewusstsein*", flüstert Schopenhauer mir ins Ohr.

Ich halte meine Augen weiterhin geschlossen, und spüre wie der Meister sich um mich dreht und leise spricht: „Das Selbstbewusstsein trennt sich seinerseits in Bekanntes und Bekennendes. Euer Intellekt nimmt in Eurem Atem den Lebenswillen wahr. Er kennt Euren Lebenswillen. Was nimmt Euer Intellekt noch wahr, von Berkum?"

Mit geschlossenen Augen, spüre ich den Blutfluss in meinen Schläfen und gleichzeitig fühle ich diesen irrationalen und unwiderstehlichen Wunsch. *Ich WILL wegrennen, schnell weg.*

„Mein Intellekt nimmt einen Fluchtwunsch wahr, einen Freiheitswunsch, den ich nicht genauer beschreiben kann." „Seht Ihr, von Berkum?" Der Meister spricht wieder laut. „Das Eurem Intellekt bekannte Objekt ist Euer Wille. Der Wille verlässt keinen Moment Eure Existenz."

Ich öffne meine Augen und nehme den Lärm auf den Platz wieder wahr.

„Ich verstehe immer noch nicht, Schopenhauer. Dieser Wille, der mein Herz pochen lässt, den meine Vernunft selber nicht kontrollieren kann, wie kann dieser Wille die Realitätsessenz der Welt, die Realitätsessenz des ganzen Universums sein?"

„Sehr gut, von Berkum. Jetzt schlage ich mit der Faust auf Eure Nase."

Was?

Der Philosoph hebt langsam seinen Arm hoch und schließt die Hand.

Ich hebe schnell meinen linken Arm und halte ihn vor mein Gesicht, wie ein Schutzschild.

„Seht Ihr, von Berkum?", das Lachen des Meisters klingt kristallklar und vergnügt. „Was soll ich sehen?", rufe ich irritiert und verärgert aus. „Zunächst die Drohung, dann das Lachen. Ihr seid wohl verrückt!"

Schopenhauer lacht weiter und setzt fort: „Eine einfache Drohung hat gereicht: Vor Angst, verletzt zu werden, hat Euer Körper automatisch eine Verteidigungshaltung angenommen. Und ich kann mich glücklich schätzen, dass ich meinerseits keinen Faustschlag kassiert habe."

Schopenhauer wird wieder ernst. Seine Augen funkeln.

„Wäre Eure Essenz der Intellekt gewesen, hättet Ihr sofort in meiner Drohung den Scherz erkannt. Der Teil einer rein intellektuellen Rede."

Ich schaue den Meister an.

„Meint Ihr, ich kann meinem Willen keinen Riegel vorschieben?", flüstere ich.

„Richtig, von Berkum", erwidert der Philosoph. „Der Intellekt ist ein unbeteiligter Beobachter. Er sieht einen Baum und bemerkt die Bewegungen seiner Äste durch den Wind. Er betrachtet eine Kutsche und stellt fest, dass sie sich aufgrund der Pferde bewegt, die sie ziehen. Die Vernunft beobachtet und klassifiziert die Welt nach dem Kausalitätsgesetz, das Raum und Zeit verbindet." Der Meister nähert sich wieder: „Alles das, allerdings, ist nur Erscheinung. Eine Vorstellung. Eine intellektuelle Übung."

„Und die Realität ist immer nur emotionales Erleben?"

„Der Wille ist Intuition, von Berkum. Etwas, dass wir sofort als bekannt erkennen."

Die Augen des Meisters glitzern und schauen jetzt weit weg. „Der Wille ist Emotion. Der Wille ist Leidenschaft. Wir sehen eine schöne Frau und sofort erhitzt sich unser Körper. Ein Unrecht entflammt unseren Geist. Eine Drohung kann uns vor Angst lahm legen. Ratet Ihr, warum die Demagogen so einen Erfolg haben!" Schopenhauer schaut mir wieder in die Augen: „Sie richten sich an den menschlichen Willen. Sie sagen, was das Volk hören *WILL*."

„Ich gestehe meine Sprachlosigkeit, Schopenhauer. Ich fühle mich komplett durcheinander."

Der Philosoph krönt seine Rede: „Der Intellekt erlaubt uns eine vielfältige Vorstellung der Welt. Der Wille ist dagegen immer einzig. Der Wille ist blind, irrational und zwecklos. Sagt mir, von Berkum: Was unterscheidet wesentlich Eure Geliebte von Eurer Verlobten? Aus welchem Grund bevorzugt Ihr die eine?"

Vor mir sehe ich jetzt Laura, schön und verführerisch, weit und unerreichbar. Über dieses Bild schiebt sich das Bild Henriettes, genauso schön, aber fade. Nett, aber einseitig.

Was unterscheidet die beiden Frauen?

„Ich gestehe, dass die Anziehung, die Laura auf mich ausübt, von einer irrationalen Leidenschaft diktiert wird."

„Nun versteht Ihr mich, wenn ich behaupte, dass die Realitätsessenz der Wille ist?" Schopenhauer hat seine letzten Worte in einem ungewohnt sanften Ton ausgesprochen.

Ich nicke.

Ich nehme das erste Mal wahr, dass mein Instinkt mich am Leben hält. Mein Instinkt ist die einzige Sache, die mir wirklich gehört.

Ich fühle mich alt und müde und gleichzeitig wie neugeboren.

Der Meister redet weiter: „Wenn Ihr Verse schreibt, löscht Euren Willen und konzentriert Euch auf die Ästhetik der Worte, auf ihren Klang. Das gäbe Eurer Poesie einen neuen Wert."

Ich schaue noch einen Moment in die lebendigen Augen des Meisters.

„Ja. Ich glaube, ich werde es tun."

Ja, das werde ich tun.

„Von Berkum, ich gehe jetzt meinen Weg weiter. Wir werden uns bestimmt noch im Salon Eurer Mutter treffen." „Natürlich, Schopenhauer." Wir schütteln uns die Hände.

„Danke für Eure klare und direkte Meinung. Wahrscheinlich hätte mir doch ein Faustschlag weniger Schmerz verursacht, aber die Peitsche, wie mein Vater immer sagt, tut dem Geist gut."

Schopenhauer verabschiedet sich und überquert den Platz mit seinem breiten, sicheren Schritt.

Ich bleibe noch einige Augeblicke still und beobachte die lockigen Haare des Meisters. Sie schwanken in der leichten Märzbrise.

Dann gehe auch ich weiter.

Zunächst langsam, dann mit immer sichererem Schritt.

Nun sind mir meine Beine und mein Atem bewusst.

Das verführerische Bild von Laura verschwimmt und vermischt sich mit dem von Henriette.

Vielleicht sind die zwei Frauen doch nicht so unterschiedlich.

Während ich den Stadtpark durchquere, halte ich einen Augenblick an, schließe meine Augen und genieße die warmen Sonnenstrahlen.

Als ich die Augen wieder öffne, sehe ich eine Schar Vögel am klaren Himmel.

Sie ähneln Möwen.

Möwen?

Mein Blick richtet sich instinktiv auf meine Hände.

Es sind die schönen, langen, schmalen Hände von Chiara.

„Ja, das bin ich!", rufe ich mit meiner gewohnten, hohen Stimme aus.

Ich seufze erleichtert und nehme mich wieder als Frau wahr.

Ich bleibe noch ein paar Minuten in dem kleinen Korbsessel auf der Terrasse sitzen und betrachte die wunderschöne Landschaft: das Meer vor mir und die Berge im Hintergrund.

Ich höre Schopenhauers Stimme und Worte.

DIE REALITÄTSESSENZ IST DER WILLE.

Die Realitätsessenz sind die Emotionen!

Ich schaue mich um und atme die klare Luft dieses strahlenden März-tags tief ein.

Am Strand sind viele Touristen.

Ich steige die Hoteltreppe runter und erreiche den Swimming Pool.

Ich komme aus meinem Versteck heraus …

… sitze auf dem Kaiserplatz in Bonn und esse ein Eis.

Die Maisonne wärmt mein Gesicht und meinen Körper, der nur einen hellblauen Kleiderrock trägt. Meine Beine sind bis über die Knie frei.

Carmen sitzt vor mir und trinkt eine kalorienarme Limonade. Auf ihrer Sonnenbrille sehe ich mein Spiegelbild.

„Ich erkenne dich kaum, Chiara!", verzieht meine Freundin ihre Mundwinkel.

Ist sie etwa enttäuscht?

„Und wieso denn?"

„Der Minirock, Dein geschminktes Gesicht, die Schuhe mit Absatz. Du siehst so anders aus. So, so …" „Weiblich?", schlage ich vor.

„Wenn ich ein Mann wäre, würde ich nicht wirklich diesen Ausdruck verwenden!"

Wir lachen beide.

„Und was ist aus deiner Brille geworden? Sag mir bloß, du hast keine Kontaktlinsenallergie mehr!" Ihre Stimme klingt gereizt.

„Ich trage keine Kontaktlinsen und meine Brille ist hier, in der Handtasche. Aber jetzt trage ich die Brille nur, wenn ich sie wirklich brauche."

Meine Freundin gibt sich immer noch nicht geschlagen und redet laut: „Also, willst du mir endlich erzählen, was mit dir los ist? Oder soll ich weiter glauben, dass du einen geheimen Liebhaber hast?"

Donnerwetter, warum soll sich mein Leben nur um Männer drehen?

„Carmen, kannst du ein Geheimnis für Dich behalten?", frage ich sie leise, während ich mich nach vorne lehne.

Carmen schweigt und schiebt ihren Stuhl neben meinen.

„Ich höre dich", flüstert sie in einem ungewohnt, ernsten Ton.

„Erinnerst du dich noch, als wir letzen Winter im *Pendel* gegessen haben?" „Ja. Damals hatte ich schon den Eindruck, du verbirgst etwas vor mir."

Carmen neigt sich zu mir und nimmt die Haltung eines Beichtvaters an, während ich ihr von den Abenteuern der letzten Monate erzähle.

Genau so, wie ich es vor einigen Wochen mit Marco getan habe.

Ich rede und erinnere mich an die Zeit nach der zweiten Reise.

Alfons Treffen mit Schopenhauer hat mich tief berührt.

Die Gefühle, die ich in Frankfurt erlebt habe, waren so echt. So lebendig. Noch hineinziehender als die mit Kathrin in New York.

Ich habe über Schopenhauer im Gymnasium gelernt und ich kenne – so denke ich – seine philosophischen Gedanken. Schon damals faszinierte mich die Idee der Welt als Vorstellung.

Als ich von Teneriffa zurückkehre, stürze ich mich direkt auf mein altes Philosophieschulbuch. Da finde ich alles wieder:

„Die Welt, nach Schopenhauer, ist meine Vorstellung, die nach den Kategorien: Raum, Zeit und Kausalität geordnet wird … Der Intellekt klassifiziert, allerdings führt er nicht jenseits der wahrnehmbaren Welt … Die Welt als Vorstellung ist, daher, Phänomen. Auf diesem Grund ist einen realen und klaren Unterschied zwischen Träumen und Wachen nicht möglich … Die „Veda" und die „Purana" nennen diesen Zustand „Mayas Schleier". Die Realitätsessenz kann, nach Schopenhauer, aber erreicht werden. Das tiefe Eintauchen in uns selbst lässt uns verstehen, dass wir Willen sind … der Willen durchdringt, bewegt und rüttelt das Universum …"

Ja. Es ist alles da. Alles, wie ich es in der Schule gelernt habe.

Allerdings nimmt Schopenhauers Philosophie jetzt eine andere Bedeutung an.

Jetzt habe ich den Eindruck, dass sich dadurch mein Leben ändern kann.

Aber wie?

In den nächsten Tagen schließe ich ab und zu meine Augen und führe die Übung des Selbstbewusstseins durch. So wie ich es als Alfons in Frankfurt erlebt habe.

Mit geschlossenen Augen überrasche ich meine Gedanken.

Worum dreht sich mein Leben in diesem Augenblick?

Jedes Mal nehme ich entsetzt wahr, dass ich ständig mit eingebildeten Situationen beschäftigt bin. Es dreht sich tatsächlich immer um meine Emotionen.

Egal ob Angst: *Wird Luca krank?* Oder Beunruhigung: *Wird meine Arbeit anerkannt?* Oder Ärger: *Ich hätte doch meine Meinung sagen sollen.* Oder auch Freude: *Alle haben meine neue Frisur bemerkt und gemocht.*

Meine Emotionen hängen an der Vergangenheit oder an der Zukunft. Selten erlebe ich bewusst, was ich im Augenblick tue.

Ich merke auch, wie meine Emotionen an „andere" Leute gebunden sind und wie meine Freude für ein erreichtes Ziel innerhalb ein paar Stunden verschwunden ist.

Der Freude folgen schnell neue Wünsche, neue Ziele, neue Pflichten.

Genauso wie Schopenhauer dem jungen Alfons angekündigt hat.

Als mir das alles bewusst wird, verliert meine rasende Existenz eine wichtige Säule. Meine innere Stimme bleibt stumm. Ich halte inne …

Warum soll ich den „anderen" die Entscheidung überlassen, was für mein Leben richtig und wichtig ist?

Was halte ich für richtig und für wichtig?

Was will ich?

Diese letzte Frage erschreckt mich. Denn ich weiß nicht wirklich, wohin ich mit meinem Leben will.

Alfons wollte schreiben und seine Laura lieben. Aber ich?

Was ist mit mir?

Einen Abend setze ich mich an meinen Schreibtisch und lasse meinen Gedanken auf dem Papier freien Lauf …

Was mag ich?

Ich mag lesen, ich mag schreiben, ich wollte schon immer einen Roman schreiben, anstatt wissenschaftlicher Artikel. Ich mag lehren: ich mag Luca und den Studenten zeigen, wie sie selber etwas erreichen können. Das macht mir Spaß, ich mag reisen und Kulturstädte besichtigen.

Und wieso mache ich beruflich was ganz anderes?

Ich schreibe weiter ...

Ich habe damals Physik gewählt, weil ich dadurch meinem Bewusstsein näher kommen wollte, der philosophische Hintergrund der Physik hat mich so fasziniert.

Ich lese diese Sätze wieder. Jetzt, da meine Gedanken auf Papier sichtbar sind, weiß ich, was ich wirklich denke.

Aber wie soll ich alles in die Tat umsetzen?

Das geht nicht.

So einfach geht es nicht.

Die Tage vergehen und die Arbeit nimmt sich wieder den ersten Platz.

Bald muss ich einen neuen Antrag fertig schreiben, damit ich meine Stelle um weitere drei Jahre verlängern kann.

Das ist so verdammt wichtig, meine Habilitation hängt von diesem Antrag ab.

Während ich an meinem Projekt arbeite, höre ich immer wieder Alfons Gedanken.

Ich werde in eine Bahn gezwungen, die nicht meine eigene ist. Ich will schreiben, ich will frei sein.

Verdammt!

Warum verstecke ich mich noch?

Warum sage ich nicht offen, dass ich mich auch in eine Bahn gezwungen habe, die nicht meine eigene ist?

Ich sitze vor dem Rechnerbildschirm und erst jetzt spüre meinen Körper angespannt. Erst jetzt bin ich so ehrlich mit mir und gebe zu, dass die Wissenschaft nicht mehr mein Beruf, nicht meine Berufung ist.

Ich fühle mich wie in einem Traum. Als ob ich mich als eine andere Person sehen würde.

Was mache ich hier gerade?

Und was kann ich jetzt tun, um mich von dieser Situation zu befreien?

Was würde Alfons machen?

Auf keinen Fall einen Antrag stellen.

Keinen Antrag stellen.

Ich schalte meinen Rechner aus.

Gott. Ich arbeite seit zehn Jahren an meiner Karriere und jetzt soll ich einfach alles fallen lassen? Das gibt's doch nicht.

Am nächsten Tag treffe ich Herrn Prof. Dr. Stolzenberg.

Jetzt werde ich mein Gedankenspiel in die Tat umsetzen.

Aufgeregt atme ich tief ein. „Ich werde keinen Verlängerungsantrag stellen", kündige ich ihm an. Klar und deutlich.

„Was meinst du damit Chiara?", fragt er mit einem verwirrten Blick.

„Ich meine, ich werde meine Stelle nicht verlängern", antworte ich ernsthaft und nervös.

Ich will diese Rede so schnell wie möglich hinter mir haben.

„Was ist passiert? Gibt es Probleme mit deinem Sohn oder ...", er lächelt pfiffig, „bist du denn ..." „Nein, ich bin nicht schwanger."

Und warum sollte sich mein Leben nur um Kinder drehen?

Er schaut mich erstaunt an. Er versteht nicht.

Jetzt atme ich endlich aus.

„Ich brauche eine Pause, das ist alles", sage ich mit einem ehrlicheren, weicheren Ton.

Ich brauche eine Pause für mich.

„Oh, ich verstehe ...", kommentiert Herr Stolzenberg.

Nein, er versteht es nicht. Er hat sein ganzes Leben für seine Stelle geackert und seine Position um jeden Preis verteidigt. Das versteht er nicht.

Und er warnt mich direkt vor den Konsequenzen meiner Entscheidung.

„Chiara, überlege dir gut, was du tust. Du weißt wohl: Wenn du jetzt aussteigst, kannst du nur schwer wieder ins Rennen kommen."

Mein Güte, mein Leben sollte ich doch im Rennen verbringen.
„Ja, ich weiß es …", lächele ich ernst und verabschiede mich.

Meine Kollegin Doris hat angeblich alles mitbekommen.
„Das hast du gar nicht nötig, Chiara", kommentiert sie, als ich in mein Büro zurückkehre.
„Was habe ich nicht nötig?", frage ich sie konfus.
„Ja, du brauchst den ganzen Stress hier nicht. Marco verdient doch genug für die ganze Familie. Und als Mutter hast du dich bereits realisiert."
Mein Leben sollte sich nur um „Image" und Geld drehen.
„Ja, Doris. Vielleicht hast du Recht", seufze ich.
Ich habe keine Lust auf Diskussionen. Ich fühle mich nur leer.
„Und was sagt er dazu?", fragt Doris neugierig.
„Wer?" „Er, Marco. Du arbeitest seit so vielen Jahren hier. Freut er sich auf eine Hausfrau?"
Ich lächele verlegen. Marco weißt noch nichts davon.

Abends warte ich, dass Luca schläft. Gespannt teile ich dann Marco meine Entscheidung mit.
Und er rastet aus.
„Was soll das jetzt bedeuten?", schreit er.
Ich habe Angst vor ihm und verstecke mich hinter einer Ausrede: „Weißt du, ich fühle mich so erschöpft, ich brauche eine Pause, ich kann nicht mehr …"
„Chiara, wir haben uns Ehrlichkeit versprochen. Sag mir jetzt, ob du mich verlassen willst. Sag mir, ob du einen anderen Mann hast."
Donnerwetter, warum sollte sich mein Leben nur um Männer drehen?
„Was sagst du denn da? Woher hast du eine solche Geschichte?", erwidere ich verletzt. „Dann sag mir die Wahrheit, großer Gott! Was ist mit dir los? Du schwebst die ganze Zeit wie auf einer Wolke und redest nicht mehr mit mir. Du hast überhaupt kein Interesse mehr für mich! Und jetzt willst du auch deine ganze Forschung in den Müll werfen!"

Marco hält meine Arme fest und schüttelt mich. Ich habe noch nie meinen Mann so verärgert gesehen. Bei dieser gewaltigen Reaktion lasse ich all meine Hemmung fallen.

Ich befreie mich: „Wenn du es wirklich wissen willst. Vor drei Monaten habe ich eine Hexe getroffen. Sie hat mir einen Zaubertrank gegeben, und ich bin zweimal in mich gereist."

So klingt meine Stimme, laut und schrill.

Auf einmal herrscht Ruhe im Haus.

Marco guckt mich ein paar Sekunden sprachlos an.

Dann bricht er in Lachen aus. Sein Lachen ist so ansteckend, dass ich nur mitlachen kann.

Nach ein paar Minuten, noch mit Tränen in den Augen vom Lachen, geht er wieder zum Angriff über: „Und jetzt, sag mir die Wahrheit!" „Marco, ich habe dir die Wahrheit gesagt." „An eine solche Geschichte kann ich nicht glauben!" „Ich weiß, das glaube ich selber kaum." „Großer Gott", flüstert er und lässt sich auf einen Stuhl fallen.

Dann erzähle ich ihm von Ines und von den fünf Ampullen. Von den Reisen nach New York und nach Frankfurt. Von den Treffen mit Doktor Bates und mit Arthur Schopenhauer.

Ich erzähle ihm, wie ich in die Körper von Kathrin und sogar von Alfons irgendwie eingetaucht bin. Wie ich als Kathrin und als Alfons gelebt habe.

Und vor allem erzähle ich ihm, wie diese zwei Reisen an meiner Existenz gerüttelt haben. Und wie mir klar geworden ist, dass die Wissenschaft nicht mein Weg ist.

Marco hört sich alles an. Mit einem ungläubigen, verwirrten Blick.

Einige Tage später besuche ich Ines mit Marco in ihrer Wohnung.

Die Hexe beantwortet seine Fragen knapp und klar, wie immer.

„Chiara will sich selber finden. Und ich habe ihr dafür ein Mittel gegeben. Was soll ich noch erklären? Es handelt sich um ihr Leben."

Mein Leben dreht sich auch um MICH!

Nach diesem Treffen schweigt mein Mann stundenlang.

Erst am Abend spricht er mich mit einer ruhigen Stimme an: „Ich glaube, Ines hat Recht. Wenn du den Schlüssel deines Lebens finden willst, mach es weiter. Daran werde ich dich auf keinen Fall hindern."

Seine Reaktion empfinde ich als kalt und distanziert. Als ob mein Leben ihn überhaupt nichts angehen würde.

Komisch! Bin ich die einzige hier, die sich für den Sinn des Lebens interessiert?

Trotzdem fühle ich mich glücklich. Und frei.

Jetzt, da Marco die ganze Wahrheit kennt, brauche ich mit ihm kein Versteckspiel mehr zu treiben. Jetzt, da ich mir eine Pause „offiziell" genommen habe, brauche ich mich nicht mehr anzustrengen.

Ich darf offen reden!
Ich darf Zeit für mich haben.

Carmen setzt die Sonnenbrille auf die Nase und beobachtet mich mit ihren großen, dunklen Augen. Ihr Blick verrät eine leichte Enttäuschung. „Natürlich hätte ich lieber eine Liebesgeschichte mit prickelnden Einzelheiten gehört. Dennoch finde ich sehr mutig, was du gerade machst."

„Sehr erleichternd vor allem." „Aber Chiara. Ist dir überhaupt bewusst, was du machst?", fragt mich Carmen.

„Ich lege nur eine Pause ein in meinem Job", antworte ich.

„Chiara, du wirst noch drei Reisen machen. Drei Reisen. Die ersten zwei haben dein Leben bereits durcheinander gebracht. Was wird noch passieren? Hast du denn keine Angst?" „Natürlich weiß ich nicht, was mich erwartet, aber ...", auf einmal fühle ich mich unsicher. „Aber ich glaube nicht, dass mir etwas Schlimmes passieren kann."

An diese Worte glaube ich selber nicht.

Und wenn Carmen doch recht hätte?

Vielleicht könnte ich auf den nächsten Reisen eine schreckliche Erfahrung machen.

Vielleicht versteckt sich etwas Fürchterliches in meiner Vergangenheit.

Am Abend, im Bett, höre ich noch Carmens Stimme.

Ich denke nach und analysiere ganz rationell die Ereignisse der letzten Monate.

Mit der ersten Reise habe ich die Welt unter einer anderen Perspektive erlebt. Und mit der zweiten Reise habe ich erfahren, dass das Leben sich um meine Emotionen dreht.

Aber warum leben die Menschen so?

Warum sind sie nie glücklich mit dem, was sie erreicht haben? Was suchen wir wirklich?

Während ich die Augen zumache, höre ich noch meine schläfrige Stimme: „Was suchen die Menschen?"

Die ewige Suche der Menschen

Diesmal ist alles einfach gewesen.

Ich habe Marco gesagt, ich brauche einen Abend für mich alleine, für die dritte Reise.

Er hat diese Chance genutzt und einen Grillabend bei Stephan organisiert, der auch einen kleinen Sohn hat, Alex. Sie wollen unter freiem Himmel schlafen. Das heißt, sie werden ein Zelt im Garten aufbauen und da mit den Kleinen viele Abenteuer erleben.

An einem milden Juni-Spätnachmittag ist es so weit: Marco und Luca verabschieden sich an der Haustür.

So voll gepackt mit Ruck- und Schlafsäcken sehen sie unwiderstehlich aus.

Am liebsten würde ich mitgehen.

„Aber jetzt musst du auf den Grund gehen", warne ich mein Spiegelbild im Flur, sobald ich die Tür hinter mir geschlossen habe.

Das Ritual findet, wie immer, sorgfältig überlegt statt.

Ich schließe die Fenster, stelle das Telefon aus, ziehe vorsichtig die Ampulle – diesmal diejenige mit der Nummer „III" – trinke den Inhalt und setze mich bequem auf das Sofa.

Bevor ich die Augen zumache, betrachte ich noch die Abenddämmerung und die ersten Sterne am Himmel.

Als ich die Augen wieder aufmache, sehe ich mich springen.

Auf einem Bein. Dem rechten.

Oh, was passiert jetzt?

„Eins, zwei, drei!", ich hebe ein Steinchen vom Boden auf vom Feld „Drei" – und springe auf dem linken Bein zurück.

Mein Blick fällt auf ein weißes Kleidchen, auf ein paar weiße Lackschuhe und auf eine kleine Hand, die das Steinchen wirft.

„Sechs!", ruft meine Mädchenstimme laut aus. Das Steinchen liegt gerade auf dem Feld „Sechs".

Zehn Felder sind auf den Boden gemalt.

Die Szene spielt sich im Innenhof eines sehr großen Gebäudes ab. Ein Kloster vielleicht und ich spiele gerade neben dem Eingang.

Es ist ein wunderschöner Tag. Die Luft ist warm und duftet herrlich.

Ich nehme immer mehr Einzelheiten wahr. Der Innenhof ist in der Tat ein Riesengarten, mit vielen Bäumen und prächtigen Blumen überall.

So habe ich mir immer das Eden vorgestellt.

Der Park wird von mehreren Pfaden durchquert und in der Ferne sind Bänke, Tische und viele elegant gekleidete Personen. Manche sitzen und essen, andere spazieren; die Kinder spielen.

Ich fühle mich leicht und glücklich in diesem weißen Kleid und in diesen kaum spürbaren Gedanken.

„Vier!", fällt das Steinchen auf den Boden und ich springe weiter auf den gemalten Feldern.

„Priscilla!", ruft eine weibliche Stimme.

Ja, Priscilla ist mein Name.

Ich drehe mich um.

„Priscilla. Wo steckst du denn?" „Ich bin hier, Tante Lucy", winke ich meiner Tante zu.

„Priscilla, hast du mit der Kreide hier auf den Boden gemalt?" „Ja! Ich spiele gerade …"

„Priscilla Normann! Das ist nicht unser Zuhause. Das ist ein Gebetsort. Es ist zwar ein wunderschöner Garten, aber er ist genauso wie eine Kirche! Und ausgerechnet vor der Eingangstür des Ashrams, wo alle vorbeikommen!"

Tante Lucy kniet sich vor mir hin. Mit ihren großen, hellblauen Augen schaut sie mich streng an.

Oh, nein. Jetzt schimpft sie wieder.

„Miss Normann, ich warte auf deine Antwort" „Aber heute morgen hat Guruyoga gesagt …"

Tante Lucy bricht in Lachen aus.

„Der Guru Yogananda, Priscilla!", korrigiert sie mich. Jetzt ist ihr Blick nur belustigt.

„Na ja, er …, Yoga …nanda hat gesagt, alle müssen Kinder werden, wenn wir ins Himmelsreich kommen wollen."

Tante Lucy lächelt.

Sie hat auch ihr neues Kleid angezogen. Das mit den rosa und hellblauen Blümchen. Und ihre Haare sind sorgfältig unter einem weißen Hütchen gekämmt.

„Weißt du, Tante Lucy. Heute siehst du wirklich gut aus."

„Danke, mein Schatz. Und sag mir, was hat dir noch von Yoganandas Sermon gefallen?"

„Uhm …, gefallen hat mir, dass die Kirche im Garten war und dass ich unter dem großen Baum sitzen konnte. Und es hat mir gefallen, als Guru …, Yogananda sagte, Gott ist ein Ozean und die Menschen sind die Wellen."

Tante Lucy sieht berührt aus. Als ob sie gleich weinen würde.

„Du bist wirklich ein waches Kind. Und auch das schönste Mädchen, das ich je gesehen habe." „Schön wie Mum?", frage ich neugierig.

„Genauso schön wie deine Mum."

Tante Lucys Augen werden feucht. Sie umarmt mich kräftig.

Ich kann mich an meine Mum nicht so richtig erinnern. Sie ist im Himmel, seitdem ich zwei bin.

„Also, Miss Normann!", sagt Tante Lucy wieder mit strengem Ton und nimmt dabei meine Schultern in ihre Hände. „Jetzt kommst du mit mir. Es gibt noch Apfelkuchen und Orangensaft." „Oh nein, bitte Tante Lucy, ich bin mit *Hop-Scotch* noch nicht fertig!"

„Aber dort gibt es viele Kinder. Siehst du sie dahinten?"

Sie zeigt auf eine Gruppe Kinder in der Ferne, die unter einem Baum im Kreis rennen.

„Möchtest du nicht mit ihnen spielen?" „Nachher. Jetzt will ich das Feld zehn erreichen."

Ich zeige auf die bemalten Kästchen auf den Boden.

„Na gut, Miss Dickkopf", seufzt sie.

„Ich gehe wieder zurück. Ann und Mrs. Carson sitzen dort. Siehst du sie?" „Ja."

„Wenn der Schatten hier angekommen ist", Tante Lucy steht auf und stellt ihren Fuß an ein Blumenbeet zwei Meter weiter, „kommst du zu uns. Einverstanden?" „In Ordnung!", verspreche ich glücklich.

„Und dieses Mal wünsche ich mir, dass du gehorsam bist. Ich habe Grandma gesagt, wir kehren pünktlich nach Hause zurück."

Ich schmunzele.

„Und mach keinen Lärm", sagt die Tante noch, während sie weggeht, „Yogananda ist drin und macht seine Meditation."

Medita ... tion?

Was soll das sein?

Na ja. Erwachsene sprechen häufig so komisch.

Ich drehe mich wieder und werfe das Steinchen.

„Acht!"

Weiter zum Feld „acht" auf dem rechten Bein und zurück auf dem linken.

„Dieses Mal treffe ich die zehn."

Ich werfe das Steinchen mit viel Kraft. Zuviel.

„Oh, nein!"

Das Steinchen hüpft aus dem bemalten Feld heraus und schliddert durch den Eingang in das Haus hinein.

„Pfff ... Zum Glück ist die Tür offen!"

Schnell renne ich ins Ashram herein. Und für einen Augenblick sehe ich nichts mehr.

Hier drin ist es sehr dunkel. Alle Jalousien sind geschlossen.

Einige Sekunden später sehe ich das Steinchen auf dem Boden „Ach, da ist es", und hebe es hoch.

Ich schaue mich um.

Vor mir ist der lange Flur, der zum Haupteingang führt. Ich bin von dort heute morgen mit Tante Lucy hereingekommen.

Links ist eine geschlossene Tür und rechts eine Marmortreppe.

Mit einem wunderschönen Marmorgeländer. Eine perfekte Rutschbahn.

Ich gucke kurz nach draußen. Der Schatten ist noch weit von dem Blumenbeet entfernt.

„Nur einmal und ich gehe wieder zu Tante Lucy zurück."

Ich steige die erste Treppenrampe und rutsche auf dem Geländer nach unten.

Der Marmor ist kalt, aber das macht mir nichts aus.

„Das ist ja lustig." Ich renne wieder die Treppe hinauf.

Wieder oben, bemerke ich eine zweite Treppenrampe, mit einem längeren Geländer.

„Hurra!" Ich hüpfe schnell hoch und komme im ersten Stock an.

Ich bin schon halb auf das Geländer gestiegen, als ich inne halte.

Was ist das?

Ich rieche einen unbekannten, aromatischen Duft.

Der Geruch ist genauso intensiv wie Weihrauch, wie sonntags, wenn ich mit Grandma in die Kirche gehe. Aber viel, viel angenehmer.

Neugierig steige ich von dem Geländer herunter und gehe durch den langen Flur im ersten Stock.

Nur einen Augenblick, dann kehre ich direkt zu Tante Lucy zurück.

Im Augenblick folge ich meiner Wahrnehmung.

Ich gehe an drei geschlossenen Türen vorbei.

Die vierte ist aber leicht offen. Ich nähere mich der Tür und rieche. Hier ist der Geruch sehr intensiv.

Ich schaue nur kurz rein.

Sicherlich hat der Schatten das Blumenbeet noch nicht erreicht … Ja!

Der unbekannte Duft kommt tatsächlich aus diesem Raum. Ich gucke durch den Türspalt.

Ins Zimmer kommen nur wenige Sonnenstrahlen durch die geschlossenen Jalousien herein.

Sie beleuchten einen Teppich. Auf dem Teppich, mit seinem langen Kleid und seinen schwarzen Haaren sitzt er …, Yogananda!

Er sitzt da mit geschlossenen Augen. Unbeweglich, wie tot!

Ich halte meinen Atem an, mache die Tür vorsichtig auf und schiebe den Kopf herein.

Da ist es. Auf einem Tisch neben dem Fenster liegt ein kleines Kohlebecken. Daher kommt der angenehme Duft. Was mag das sein?

In diesem Augenblick wird die Ruhe von einem Getöse durchbrochen.

PAAM!

Mist! Mein Steinchen ist auf den Boden gefallen. Mit einem Lärm, der sich ohrenbetäubend anhört.

Oh nein!

Mein Herz bleibt stehen. Ich sehe vor mir das Bild von Tante Lucy, wie sauer sie sein wird.

Langsam hebe ich das Steinchen hoch und während ich mich schnell umdrehen will, fällt mein Blick auf Yogananda.

Er sitzt noch perfekt unbeweglich auf dem Teppich. Seine Augen sind aber offen.

„Du lebst ja!", flüstere ich.

Er schaut mich mit einem ernsten Blick an, der mir Angst macht.

Dann breitet sich auf seinem Gesicht ein Lächeln aus.

„Und wer bist du?", fragt er.

Ich schlucke: „Priscilla. Priscilla Normann, Sir", ich spüre einen Knoten im Hals „Das Steinchen ist heruntergefallen. Ich wollte Sie nicht stören. Entschuldigung. Auf Wiedersehen, Sir …"

Ich drehe mich schnell wieder um, aber die Stimme hinter mir stoppt meine Flucht:

„Warte einen Augenblick, Priscilla."

Ich kneife die Augen zu und spanne meine Muskeln an. *Diesmal wird Tante Lucy wirklich sehr böse auf mich sein.*

Als ich mich wieder umdrehe, steht Yogananda auf dem Teppich.

„Der Duft hat dich hier hingeführt, nicht wahr?" „Ja, Sir".

Wie weiß er das denn?

„Ich bin Yogananda. Wir haben uns heute morgen bei dem Sermon gesehen."

Ich nicke und merke, dass der Guru barfuß ist.

„Dieser angenehme Duft ist ein besonderes Sandelholz, das nur in einer kleinen Region in Indien wächst." „Ist Indien auch ein weit entferntes Land?", frage ich neugierig und nähere mich. Ich will die kleine Flamme im Kohlebecken besser beobachten.

„Ja. Indien ist ein sehr weit entferntes Land. Du kannst nur mit dem Schiff – oder inzwischen auch mit dem Flugzeug – dahin reisen. Indien ist das Land, wo ich geboren und aufgewachsen bin", lächelt sanft der Guru.

Dieser Mann mit dem langen Haar und der gestickten Tunika hat etwas in seinen Augen, dass ich noch nie bei anderen Leuten beobachtet habe.

„Auch mein Daddy ist jetzt in einem weit entfernten Land", sage ich stolz. „Es ist ein Land, wo die Kinder alle Schlitzaugen haben und heißt … heißt …" „Korea", sagt der Guru.

„Ja, Korea. Aber wie weißt du das denn?"

„Viele Amerikaner befinden sich derzeitig da."

„Auch mein Daddy ist da und kämpft. Gegen die bösen Menschen."

Yogananda lächelt: „Glaubst du wirklich, es gibt böse Menschen?"

„Ja, klar, glaubst du es denn nicht?", frage ich misstrauisch.

„Priscilla, wie alt bist du denn?" „Sechs, Sir."

Dieses Jahr habe ich meinen Geburtstag am Ostersonntag gefeiert.

„Dann kannst du bereits lesen und schreiben."

„Oh, ja. Mittlerweile kann ich das so gut, dass ich meiner Grandma vorlese. Ihre Augen sind in der letzten Zeit so schlecht geworden."

„Bravo. Und sag mir, Priscilla, kennst du auch Kinder, die noch nicht in die Schule gehen?", fragt er.

„Ja, sicher. Mickey Dalton. Er wohnt zwei Türen weiter. Er ist vier und erkennt die Buchstaben noch kaum." „Und deiner Meinung nach, Priscilla, ist Mickey Dalton ein dummes Kind?" „Oh nein, Sir. Es sind seine Brüder, die ihn häufig zum Weinen bringen. Sie sagen, er ist noch ein Baby."

Vor allem der blöde Tim Dalton, der mich immer ärgert.

„Siehst du, Priscilla. Wenn ein Kind nicht lesen kann, bedeutet es nur, dass er die Buchstaben nicht voneinander unterscheiden kann", sagt der Guru „So ist es auch mit den Erwachsenen. Wenn sie böse Taten begehen, bedeutet dies nur, dass sie keine guten Werke tun können."

„Meinst du, dass alle Menschen gut sind?"

Das gibt es nicht!

„Priscilla, du kennst bestimmt Jesus' Geschichte", erzählt der Mann mit der Tunika weiter.

„Oh, ja. Father Brown erzählt sie häufig, wenn er in die Schule kommt. Und auch in seiner Predigt in der Kirche redet er immer von Jesus und von Christus."

Das Gesicht des Gurus strahlt jetzt. „Dann weißt du auch, was Jesus uns gelehrt hat. Er sagte, alle Menschen sind Kinder Gottes. Und als Seine Söhne und Seine Töchter, haben wir Seine Essenz geerbt." „Und was ist die Essenz?", frage ich neugierig.

„Die Essenz ist diese Sache, die uns unseren Eltern ähneln lässt. Du, zum Beispiel, hast wunderschöne, dunkle Augen. Sie ähneln bestimmt denen deiner Mutter oder deines Vaters."

„Meiner Mum!", erwidere ich sicher. „Auch wenn sie jetzt im Himmel ist und ich mich nicht an sie erinnern kann … Daddy hat helle Augen. Wie die von Tante Lucy."

„Genauso ähneln Gottes Kinder Gott. Denn sie haben dieselbe Essenz."

„Ach, jetzt verstehe ich. Das ist die Geschichte vom Ozean und von den Wellen."

„Genau so ist es", bestätigt Yogananda mit seiner musikalischen Stimme. „Und weil Gott gut ist, sind es die Menschen auch. Leider vergessen sie es häufig."

„Aber, wenn Gott gut ist, warum gibt es den Krieg? Und warum ist meine Mum für immer in den Himmel gegangen?"

Das ist nicht gerecht.

„Priscilla, ich verrate dir ein Geheimnis." Er nimmt meine Hände in seine und ich spüre ein komisches Gefühl. Als ob ich nach oben geführt würde.

„Gott liebt uns so sehr, dass ER uns immer frei lässt. Auch wenn wir den anderen und uns selbst wehtun."

„Und warum hat er meine Mum weggebracht?"

Das ist nicht gerecht. Das ist überhaupt nicht gerecht.

„Denk an die Wellen auf dem Ozean, Priscilla. Hast du sie je aufmerksam beobachtet?"

Ich nicke. Bevor Daddy weggefahren ist, haben wir einen ganzen Tag im Palm Beach verbracht.

„Dann weißt du, dass keine Welle der anderen gleicht. Manche sind klein, andere riesig. Manche heben sich kaum vom Wasser ab und fallen direkt in den Ozean zurück. Andere erreichen die Strandlinie."

Ich spüre die Wärme von Gurus Händen und fühle mich wie auf einer Wasserwelle.

„So ist auch das Menschenleben. Es gibt Menschen, die hundert Jahre alt werden, und Kinder, die direkt nach der Geburt sterben." „Aber das ist nicht gerecht!", protestiere ich laut.

„Auch das ist GOTT", sagt ruhig der Mann. „Weißt du, Priscilla, wir alle sind auf der Erde, um eine Lektion zu lernen. Genauso wie in der Schule. Es gibt brillante Menschen, die ihre Aufgabe fleißig und schnell erledigen, und daher dürfen sie sich wieder mit Gott vereinigen. Andere brauchen viele, viele Jahre."

Ich schaue ungläubig in dieses strahlende Gesicht. Eine solche Geschichte habe ich noch nie gehört.

„Und wenn sie es nicht schaffen?", frage ich. In der Schule passiert das auch manchmal.

„Und wenn sie ihr Ziel verfehlen, dann kommen sie wieder auf die Erde." „Was? Wenn man stirbt, geht man nicht in den Himmel?"

Ich befreie mich schnell von den Händen des Gurus.

Grandma würde eine solche Rede überhaupt nicht mögen.

Yogananda bleibt ruhig und erzählt weiter: „Weißt du, Priscilla, Gott hat die Welt geschaffen und weiß jeden Augenblick was im ganzen

Universum geschieht." „Wirklich? Und wie macht er das?", frage ich wieder neugierig.

„Das Universum ist Gottes Projektion. Ein wenig wie dein Bild im Spiegel. Und Gott weiß immer, was du spürst, denn Sein Geist ist in der ganzen Schöpfung."

„Meinst du, Gott ist auch in mir? Aber, wieso denn höre und sehe ich ihn nicht?"

Des Gurus Gesicht strahlt immer mehr. „Wenn du Gott spüren willst, sollst du dich erst mal mit Ihm in Verbindung setzen. Genauso, wie wenn du mit jemandem telefonierst." „Gott hat ein Telefon?", staune ich.

„Oh, nein!", antwortet Yogananda amüsiert. „Wir brauchen kein Telefon, wenn wir mit Demjenigen kommunizieren wollen, Der bereits in uns ist!"

„Und wie mache ich das denn?", lehne ich mich mit großen Augen nach vorne.

„Priscilla, als du hier hereingekommen bist, meditierte ich gerade. Das heißt, ich kommunizierte gerade mit Gott." Jetzt ist des Gurus Blick sehr ernst geworden, „wenn ich mit Gott kommuniziere, setze ich mich an einen ruhigen Platz, schließe meine Augen und fixiere meine gesamte Aufmerksamkeit auf diesen Punkt hier, über den Augen."

Der Guru legt seinen Zeigefinger zwischen meine Augenbrauen.

Ich spüre eine unbekannte Wärme durch meinen ganzen Körper fließen.

„Und dann, was passiert?"

„Zunächst sehe ich dunkel. Aber, wenn ich bei mir bleibe und meine gesamte Kraft konzentriere, dann erleuchtet die Dunkelheit, und ich höre Gottes Stimme."

„Was? Das ist so einfach?", flüstere ich.

„Ja, Gott erleben ist wirklich sehr einfach. Er wartet nur darauf. Aber zuerst müssen wir Ihm beweisen, dass wir Ihn vor allem lieben. Und Ihm blind vertrauen. So wie am Telefon. Du rufst die Telefonvermittlung an, und eine Damenstimme sagt dir, du musst warten. Sie erklärt, die Leitung sei überlastet und bittet dich darum, dich einen Augenblick zu gedulden."

Ich höre sprachlos und ungläubig diese Worte.

„So passiert es auch mit Gott. Die ersten Male. Du sollst nur glauben, dass ER zu dir kommt. Und wenn das nicht gleich geschieht, musst du dran bleiben und warten können."

Der Guru nimmt wieder meine Hände in seine. Ich leiste keinen Widerstand.

„Ich verrate dir ein Geheimnis, Priscilla. Meine Mutter ist auch gestorben, als ich noch ein Kind war. Und jetzt, wenn ich mit Gott kommuniziere und wünsche mir, sie zu sehen, dann erscheint mir ihr Bild und ich rede mit ihr."

Oh, wie schön, ich kann meine Mum endlich sehen.

„Aber wenn es so einfach ist, warum reden nicht alle mit Gott?"

„Weil die Menschen es vergessen haben. Sie haben vergessen, dass sie Gottes Kinder sind. Sie haben vergessen, dass Gott sie liebt und auf sie wartet."

„Ach so. Es ist so, als ob sie das Lesen und Schreiben vergessen hätten."

„Genauso ist das", lächelt der Guru „Die Menschen glauben, die weltlichen Sachen können sie glücklich machen. Und wenn sie sich enttäuscht fühlen, denken sie, dass Gott sie verlassen hat. In Wahrheit, haben sie sich selber von Gott entfernt."

„Und was sind die weltlichen Sachen?"

„Das Geld, vor allem. Viele denken, das Geld kann sie glücklich machen."

„Warum, ist es dann nicht so? Meine Grandma sagt das immer. Hätten wir mehr Geld, könnten wir uns viele schöne Sachen leisten. Spielzeuge für mich, und jeden Tag Süßigkeiten essen. Und uns sogar ein Haus kaufen. Dann bräuchten wir nicht mehr dieser dummen Gans der Mrs. Young die Miete zu bezahlen."

Das sind wirklich Grandmas Worte!

„Priscilla, Geld ist nur eine Illusion. So wie ein neues Auto. Oder

Juwelen. Einmal, dass wir sie erreicht haben, fühlen wir uns genauso unzufrieden wie vorher."

Ich verstehe das nicht.

„Priscilla, hast du ein Geschenk zu deinem Geburtstag bekommen?", fragt der Guru.

„Ja", strahle ich, „eine Puppe, eine echte. Keine Stoffpuppe. Sie heißt Lulu."

„Und hattest du sie dir gewünscht?" „Oh, ja! Das war mein größter Wunsch."

Yoganandas Augen glänzen. „Und jetzt, da dein Wunsch wahr geworden ist, fühlst du dich glücklicher als vorher?" „Ja, klar!", klingt meine Stimme voller Freude.

Nach einer kurzen Pause füge ich ein wenig enttäuscht hinzu „Na ja. Nicht wirklich. Sarah Penn hat auch ein Bett für ihre Puppe. Und ich hätte auch gerne eins für Lulu."

„Ich versichere dir, Priscilla, dass auch ein Bett für deine Puppe dich nicht glücklicher machen wird. Das ist auch eine Illusion. Und es geht immer so mit den weltlichen Sachen. Eine Illusion mit unendlichen Ringen."

Ich schaue ihm in die Augen.

Ich will es immer noch nicht verstehen, aber ich spüre, dass er Recht hat. Die Kusine von Sarah Penn hat auch Tellerchen und Geschirr für ihre Puppe.

„Das echte Glück", setzt Yogananda fort, „ist Gott finden. Gott ist die ewige Freude. Jesus hat gesagt: sucht erstens Gottes Reich und den Rest bekommt ihr im Überfluss."

„Aber Gottes Reich ist im Himmel!" *Irgendwo ganz weit weg.*

„Gottes Reich ist uns viel näher als wir denken. *Gottes Reich finden* bedeutet Gott als Mutter und Vater erkennen. Sich auf Ihn einlassen. Denn ER wird uns immer alles geben, was wir brauchen."

„Auch ein Bett für Lulu?", frage ich hoffungsvoll.

„Wenn Gott meint, du brauchst das, dann ja!", lacht der Guru.

„Die Menschen", setzt er dann ernsthaft hinzu, „sind ähnlich wie Flaschen, mit Meereswasser gefüllt, verschlossen und in den Ozean gelegt."

Ich sehe vor mir noch einmal die großen Wellen von Palm Beach.

„So lange sie verschlossen bleiben", fährt der Guru fort, „glauben sie, ihr Inhalt sei anders als der vom Ozean. Jede Flasche bleibt in ihren eigenen Sorgen und Gedanken stecken. Jede kämpft für sich, weil sie sich getrennt von allem anderen fühlt."

„Und dann?", flüstere ich, während ich auf seinen Mund schaue.

„Wenn es einer Flasche gelingt, ihren Deckel aufzumachen, und ihr Wasser mit dem des Ozeans zu vermischen, entdeckt sie plötzlich, wie einfach Freude ist. Sie kann ruhig ihren Inhalt leeren, weil der Ozean sie immer mit neuem Wasser versorgt."

Ist alles wirklich so einfach?

„Genauso passiert es, wenn die Menschen sich auf Gott einlassen. Priscilla, ich habe alles los gelassen und vertraue Gott. Und ich versichere dir, der Mensch braucht keinen Kampf."

Yogandas Gesicht strahlt und ich fühle mich so glücklich und so leicht.

Alles sieht so schön und einfach aus.

Ganz anders als Grandmas komplizierte und problematische Welt ...

Dieser magische Augenblick wird von Schritten auf der Marmortreppe unterbrochen.

Ich fahre auf und befreie mich rasch von des Gurus Händen.

Tante Lucy!

Ich schiebe meinen Kopf in den Flur hinaus.

Oh, nein! Da kommt wirklich Tante Lucy mit Mrs. Carson.

„Da bist du, endlich!", schreit Tante Lucy wütend. „Seit einer Stunde suche ich dich! Du hast mir wieder nicht gehorcht. Du weißt genau, was ich dir ...", Tante Lucy kann ihren Satz nicht zu Ende bringen. Jetzt steht auch Yogananda im Flur.

„Gurudeva!", rufen die beiden Frauen aus, während sie ihren Kopf beugen.

„Sagen sie mir bitte nicht, dass Priscilla Ihr Gebet unterbrochen hat!", sagt Tante Lucy verlegen. Ihr Gesicht ist rot wie eine Tomate.

„Priscilla ist ein entzückendes Mädchen", klingt die Stimme des Gurus kristallklar.

Auf einmal ist die große Aufregung weg. Alles ist wieder ruhig.

„Und es war für mich ein Vergnügen, mit ihr zu reden."

Tante Lucy schaut ihn verblüfft an, während der Guru mir seine Hand reicht.

„Ich freue mich auf deinen nächsten Besuch, Priscilla."

Ich spüre diese unbekannte Wärme wieder in meinem ganzen Körper.

Dann reißt Tante Lucy an der anderen Hand und zieht mich weg.

Am Ende des Flurs drehe ich mich um und winke dem Mann mit der Tunika ein letztes Mal.

Als ich die Marmortreppe hinuntersteige ist die Magie endgültig vorbei.

„Was für eine peinliche Szene!", flüstert Mrs. Carson. „Und vor Gurudeva selber!"

Ich sage keinen Ton, aber spüre, wie Tante Lucys Hand sich langsam beruhigt.

Sie wird mir bald verziehen haben.

Vor mir sehe ich jetzt viele Flaschen, die auf dem Ozean schwimmen.

„Die offene ist meine", flüstere ich.

Der Ozean wird auf einmal ganz dunkel und die schwimmenden Flaschen glitzern darin.

„Die offene ist meine!", wiederhole ich.

Aber das ist nicht Priscillas Stimme. Das ist Chiara.

Oh!

Aus dem Fenster sehe ich gerade den schwarzen Himmel und die Sterne.

Ich bin wieder daheim!

Ich liege noch einige Minuten auf dem Sofa, spüre die Meereswellen und sehe viele Flaschen auf dem Ozean.

Es reicht, dass ich den Deckel aufmache und die Suche findet ihr Ende …

So einfach?!

Im Augenblick fühle mich genauso glücklich wie Priscilla.

Als ich aufstehe, gehe ich hinaus in die Nacht. Und mache einen Spaziergang unter den Sternen.

Ich erlebe eine neue Dimension …

… seitdem ich meine dritte Reise gemacht habe.

„Mami, sind wir endlich da?", beklagt sich Luca, fest angeschnallt an seinen Autositz.

„Noch nicht, aber es ist nicht mehr so weit", drehe ich mich und blicke auf sein schönes, errötetes Gesicht. „Wir fahren gerade den Rhein entlang. Wieso schläfst du nicht jetzt?", frage ich ungeduldig.

Marco, Luca und ich haben die letzten zwei Tage auf der Autobahn verbracht.

Wie immer, wenn wir von Italien zurückkehren.

Drei Wochen Sonne, Meer und Ruhe mit Nonno Giovanni und Nonna Ornella. Und schließlich, zwei Höllentage im Auto, unter der brennenden Augustsonne. Die Klimaanlage ist kaputt.

In den zwei Tagen haben wir Kinderlieder gesungen, Lutscher gegessen und immer wieder Pausen auf dem Rastplatz gemacht.

Aber auch diesmal sind wir fast ans Ziel gekommen.

Ich schaue auf die halbgeschlossenen Augen meines Sohnes.

„Willst du auch ein Nickerchen machen, Chiara?", lacht Marco, der das Lenkrad fest in seinen Händen hält. „Ich denke überhaupt nicht daran. Nach tausend Kilometern, will ich das Ankommen unbedingt miterleben." Ich drehe meinen Kopf leicht nach links und für einen Moment kreuze ich den Blick meines Mannes.

Es ist ein schöner Urlaub gewesen.

Für das erste Mal ohne große Pläne, ohne forcierte Harmonie und, vor allem, ohne Erwartungen. Einfach Urlaub.

Allerdings habe ich auch in Italien häufig an Priscilla gedacht.

Die Figur von Yogananda ist mir seit längerem bekannt. Vor vielen Jahren hatte ich seine Biographie auf einem Büchermarkt gekauft. Nur weil ich des Gurus Augen so unwiderstehlich anziehend fand.

Am Tag nach der dritten Reise hole ich das Buch aus dem Bücherregal aus und blättere es durch.

Paramahansa Yoganda wurde am 5. Januar 1893 geboren. 1920 begann er seine Mission in Amerika: die Yoga Wissenschaft im Westen zu verbreiten. 1925 begründete er das Internationale Zentrum der „Self-Realization-Fellowship". Er wohnte lange in Los Angeles, wo er am 7. März 1952 starb.

Dann lese ich die Abschrift einiger seiner öffentlichen Reden.

„Der Mensch ähnelt einer Marionette. Die Fäden seiner Gewohnheiten, Emotionen, Leidenschaften und seiner Sinne lassen ihn nach ihrer Lust und Laune tanzen. Wer widerwillig, oder unfähig ist, die Fäden zu durchschneiden und sich zu befreien, wird nie Gott finden. Ich sehe mich von solchen Bindungen befreit … Ich habe auf etliche körperliche und materielle Notwendigkeiten verzichtet, und mir selbst bewiesen, dass ich sie nicht brauche … Gott ist nicht an Sinne oder Gewohnheiten gebunden. Das macht Ihn zu Gott. Und wir sind nach seinem Abbild geschaffen … Die Selbstrealisierung kann nicht aus Büchern gelernt werden; sie kommt nur durch die eigene Erfahrung …"

Dieser letzte Satz klingt mir besonders wichtig.

Die Selbstrealisierung kann nicht aus Büchern gelernt werden; sie kommt nur durch die eigene Erfahrung.

Wie kann ich meine eigene Erfahrung erweitern? Wie kann ich mich selbst realisieren?

Die Übung des Selbstbewusstseins muss aktiver werden.

Ich verlasse mich auf meinen Instinkt und mache Meditation.

Nichts Auffälliges und nicht stundenlang. Abends, vor dem Einschlafen, schließe ich meine Augen und gehe ein paar Minuten durch meinen Tag hindurch.

Wie fühle ich mich? Was habe ich heute erlebt? Was hat mir gefallen? Und was nicht? Was wünsche ich mir für morgen?

Mit der Zeit merke ich – wie durch diese innere Erfahrung – mein Selbstvertrauen wächst.

Ich habe immer mehr den Eindruck, dass ich mein Leben doch selber steuern kann.

Vor allem wird mir bewusst, wie die Schilddrüsenmedikamente mich belasten.

Ich recherchiere im Internet und finde mehrere Bestätigungen.

Die Hormontabletten entlasten zwar meine Schilddruse, aber sie lähmen progressiv ihre Funktion.

Genauso wie die Brille!

Eine Spirale, die kein Ende findet.

Und was mache ich jetzt?

Es ist Zeit, dass ich mit der Hormontherapie aufhöre. *DARF ich das tun? Was wird der Arzt sagen?* Am liebsten sollte ich einen Termin mit Herrn Dr. Dr. Thiesen vereinbaren. Aber ich spüre seine Macht über mich. Ich weiß, dass ich ihm nicht widersprechen kann.

Was kann ich noch alternativ machen?

Ich entscheide mich für Herrn Dr. Hoffmann, meinen Hausarzt. Er ist ein Mediziner der alten Schule und ist sehr pragmatisch orientiert. Vor ihm habe ich keine Angst, und kann offen reden.

Einige Tage später, in seiner Praxis, merkt Herr Dr. Hoffmann sofort, dass – seit der letzten Vorsorgeuntersuchung – sich etwas in mir verändert hat.

„Frau Lemme, Sie sehen blendend aus. Warum besuchen Sie mich denn?"

Ich erzähle ihm mein Unbehagen, und dass die Hormontherapie nicht der richtige Weg für mich ist.

„Natürlich will ich nicht den verehrten Kollegen der Nuklearmedizin widersprechen", fängt er vorsichtig an, „aber, wenn Sie die Therapie als große Belastung betrachten …" „Ja, so ist es, Herr Hoffmann. Ich fühle mich dadurch wie eine unheilbare kranke Person …"

„Dann können Ihnen die Medikamente – in der Tat – mehr Schaden als Nutzen bringen", kommentiert er ernsthaft und erklärt mir: „Die Schilddrüse beeinflusst vor allem den Metabolismus einer Person, das heißt *in primis* ihre Verdauung. Außerdem steuert sie andere physiologischen Funktionen, wie die Periode oder die Regulierung der Körpertemperatur und nicht zuletzt den seelischen Zustand."

Ich nicke ruhig. Ich weiß, dass mein Körper auch ohne Medikamente klar kommt.

„Ich mache Ihnen einen Vorschlag", lächelt der Arzt, „suspendieren Sie vorübergehend die Hormontherapie und beobachten Sie dabei, wie ihr Körper reagiert und wie Sie sich fühlen, ob Sie schneller müde oder nervös werden. Sagen wir mal drei Monate lang. Dann kommen Sie wieder, und wir machen einen Bluttest mit Ihnen."

Ja, das ist eine Lösung für mich!

Glücklich gehe ich aus der Praxis. Das Freiheitsgefühl breitet sich immer mehr in mir aus.

Als ich nach Italien fahre, merke ich, wie sich mein Leben in den letzten Monaten geändert und erleichtert hat. Ich habe mittlerweile meinen Abschlußbericht abgegeben, ich bin nicht länger den ganzen Tag auf meine Brille angewiesen und vor allem nehme ich keine Medikamente mehr.

Ich fahre wirklich in den Urlaub.

Ohne Notebook, ohne Berichte zu korrigieren, ohne Tablettenvorrat.

Mamma Ornella nimmt sofort meine neue Gelassenheit wahr und in der ersten Zeit stellt sie mir viele Fragen.

Und wie geht's der Arbeit? Wieso brauchst du JETZT eine Pause? Bist du beim Arzt gewesen? Und was sagt er? Du wolltest doch ein Geschwisterchen für Luca … Und warum nicht JETZT? Wenn du schon eine Pause machst …

Ich spüre, wie sie mich mit meiner alten Denkweise anlockt, aber nicht wirklich erreicht.

Einerseits würde ich ihr auch so gerne die Wahrheit verraten. Anderseits fehlt mir der Mut.

Was soll ich ihr sagen? Dass ich den Schlüssel meines Lebens suche? Deswegen trinke ich Zauberfilter und reise ich in mich?

Ausgerechnet sie, die schon immer skeptisch die Reisen von Nonno Anton betrachtet hat.

Nein, nein, nein. Sie kann mich nicht verstehen.

Ich kenne die Mentalität meiner Mutter. Dieselbe Lebensphilosophie der meisten Menschen:

Sichere dir einen guten, festen Job, gründe eine Familie, baue ein Haus und genieße, was übrig bleibt.

Ein Tag nach dem anderen.

Immer gleich.

Solange nichts Schlimmes passiert, ist alles in Ordnung.

Hauptsache gesund.

Den Kindern geht's gut, Gott sei Dank.

Heutzutage ist es besser zuviel Arbeit als gar keine zu haben …

Mein Gott! Wie viele Sätze, immer dieselben, wiederholen wir uns jeden Tag?

„Mors tua, vita mea", sagten die Römer. „Man schlägt sich durch", sagen wir heute.

Ich denke an die Leute, die ich kenne und kennen gelernt habe.

Die meisten verstecken sich hinter der Familie, hinter dem Job, hinter der scheinbaren Sicherheit. Und diejenigen, die es nicht tun, suchen andere Verstecke und Ausreden. Manche verstecken sich sogar hinter Gott.

Und dennoch: Was ich überall spüre, ist tiefe Unzufriedenheit und Frust.

Wo bleibt die kindliche Freude am Leben, die ich als Priscilla wieder gespürt habe?

Die Erwachsenen verbringen ihr ganzes Leben zwischen Angst und Hoffnung.

Jetzt höre ich einen Chor der Hoffnung von Freunden, Verwandten, Bekannten.

WENN wir das Haus bezahlt haben …

Jetzt sind die Kinder noch klein, aber in ein paar Jahren, DANN …
WENN ich einen festen Job habe …
Ich halte noch ein paar Jahre aus, DANN kommt der Karriere-sprung …

Ich höre auch einen zweiten Chor. Der Chor der Angst und der Reue. Der Chor des Bedauerns der alten Menschen.

Ach, ALS die Kinder noch klein waren …
Ach, ALS wir noch jung waren und kein Geld hatten …
Ach, wir besaßen zwar nichts, aber das WAR ja eine schöne Zeit …
Ach, es ging uns doch besser DAMALS, in den schlechten Zeiten …

Zwei Chöre, zwei getrennte Inseln.

Ich spüre, da fehlt der Kontakt.

Ich sehe die einen, die den Berg hinaufsteigen, sie beißen die Zähne zusammen, strengen sich an und leiden.

Ich sehe auch die anderen, die denselben Berg hinabsteigen, sie beißen die Zähne zusammen, schleppen sich ab und leiden.

Aber ich sehe keinen auf dem Berg, ich sehe keinen der sich einfach auf das Leben freut.

Gott mag das Ziel sein, aber wo bleibt der Sinn des Lebens? Oder hat das menschliche Leben keinen Sinn? Und überhaupt was bedeutet Leben? Was ist Leben?

Jetzt lachen die Chöre.

Komisch!

Es klingt wie ein amüsiertes Lachen.

„Ich wusste es! Du bist doch eingeschlafen!", lacht Marco.

Verwirrt öffne ich meine Augen …

Das Auto steht vor der Garageneinfahrt. Wir sind schon Zuhause angekommen!

„Wieder habe ich mein Leben verpasst", sage ich enttäuscht.

„Was sagst du da?", fragt Marco verblüfft.

Ich schaue ihn an und schüttele meinen Kopf: „Ich habe gerade geträumt …"

Jetzt ist Zeit für die vierte Reise.

Was ist Leben …

… frage ich mich immer wieder, während sich der Sommer seinem Ende zuneigt.

Ich genieße zwar das warme Wetter, die Familie als Nest und vor allem meine neue Freiheit. Zugleich spüre ich immer häufiger ein subtiles Unbehagen.

Die vierte Reise …

Wenn ich eine Etage tiefer in meine Illusionen gehe, fürchte ich eine verheerende Erfahrung.

Wieso denn?

„Am Freitag besuche ich Mutti", erzählt Marco eines Abends während wir auf der Terrasse essen. „Ich habe ihr schon lang versprochen, mit ihr den ganzen Krimskrams im Keller aufzuräumen. Und ich habe mir den Tag freigenommen."

„In Ordnung", antworte ich unaufmerksam.

„Und ich nehme auch Luca mit." „Wieso denn?", frage ich alarmiert „Er wird euch nur im Weg stehen."

Will er mich den ganzen Tag alleine lassen?

„Aber nein. Du weißt doch, wie gerne er draußen spielt. Ein Tag auf dem Land wird ihm gut tun. Und die Zwillinge der Nachbarin sind auch da."

Ich kapituliere. Wenn Marco mir freie Bahn lässt, habe ich keine Ausrede mehr.

Am Freitag bin ich aufgeregt. Das Einkaufen und ein langer Spaziergang durch den Wald beruhigen mich auch nicht.

Am frühen Nachmittag sitze ich daheim. Es ist so weit.

Ich trinke den Zauberfilter aus der vierten Ampulle, diejenige mit der Nummer „IV", und lege mich auf das Sofa.

Ich schaue mir einige Augenblicke die weiße Decke an, bevor ich meine Augen schließe.

Eine leichte Brise streichelt mein Gesicht und meine Haare. Ich rieche den typischen, salzigen Duft des Meeres.

Habe ich ein Fenster offen gelassen?

Ich mache die Augen wieder auf. Über mir, im tiefblauen Himmel, schwimmen langsam einige weiße Wolken.

Ich drehe meinen Kopf langsam nach links und dann nach rechts. Ich liege auf einer Wiese. Die Farben vom Gras und vom Himmel wirken kalt, doch die strahlende Sonne wärmt mein Gesicht. Ich atme den salzigen Duft ein und erlebe einen langen, friedlichen Moment.

Dann greift mich eine Gedankenarmee an.

Der Krieg. *Nimm dein Schießgewehr und schieß!*

Groll und Gewalt. Und überall Blutgeruch. Todesgeruch.

Mein Gott. Wo bin ich? Und wer bin ich?

Ich leiste keinen Widerstand. Chiara lässt sich auf die Person, in der sie sich befindet, ein.

Ich heiße Jimmy. James Charles O'Neill und bin gerade neunzehn Jahre.

Und ich muss in den Krieg. Neben den gehassten Engländern kämpfen. Gegen die Deutschen.

Ich weiß überhaupt nicht, wer die Deutschen sind. Ich kenne keinen. Mit der Ausnahme von Professor Schrödinger. Der eigentlich Österreicher ist, aber Deutsch spricht.

Wie gerne würde ich seine Vorlesungen weiter hören!

Aber James Charles O'Neill muss nächste Woche Samstag in London sein.

Und dann? Wohin wird man mich schicken?

Ich taste meine Jackentasche ab. Drin ist der Brief. Der Einberufungsbescheid.

„Lebe wohl, Biologie. Die Lebensstudie muss der Todesforschung Platz machen!", lache ich laut, mit dichtgedrängten Zähnen. Am liebsten würde ich weinen.

Ausgerechnet jetzt muss ich weg.

Jetzt, wo ich die Beziehung zwischen dem Vererbungscode und der

Quantenphysik entdeckt habe. Jetzt, wo ich dem Geheimnis des Lebens so nah gekommen bin.

Ich schließe meine Augen wieder und lasse mich von der Meeresbrise wiegen. Aber der Todesgeruch ist überall. Ich fühle mich so erdrückt. Als ob ich ersticken würde.

Dann reiße ich meine Augen auf. Und ziehe hektisch eine Uhr aus der rechten Hosentasche.

Halb drei!

„Verdammt!", schreit meine männliche Stimme und ich spucke den Grashalm zwischen meinen Zähnen aus. „Der Herr Professor gewährt mir private Audienz, und ich schlafe beinahe ein! So ein Idiot!"

Ich springe auf, ziehe eine grüne Baskenmütze an, schaue mich um und rieche die Luft.

Sie duftet nach Salzwasser. Sie duftet nach Irland.

Die Wiese befindet sich über einer steilen Klippe am Meer. Ich nähere mich dem Klippenrand.

Ein Hundert-Meter-Sprung und es wäre alles vorbei. Ich würde mir Zeit und Schmerz ersparen.

Dann drehe ich mich ruckartig um und hole mein Fahrrad, das ein paar Meter weiter auf der Wiese liegt.

Wieder befinde ich mich in einem männlichen Körper. In einem jungen Mann, der eine beige Hose und eine grüne Stoffjacke trägt. Ich sehe meine Hände. Sie sind voller Sommersprossen.

Ich springe auf das Fahrrad und trete kräftig in die Pedale. Meine Gedanken werden dadurch immer schneller.

Trinity College … Die nächste Straße rechts … Verdammter Krieg …, Verdammte Engländer … Hoffentlich komme ich nicht zu spät.

Ich überquere eine kleine Brücke auf dem Kanal und in der Ferne sehe ich bereits das riesige Gebäude.

Das Trinity College.

Atemlos und mit dem Herz, das wie verrückt schlägt, laufe ich die Treppe hinauf.

Zweiter Stock.

Vor einer dunklen Holztür halte ich an und atme aus. Ich lehne dabei meinen Oberkörper nach vorne.

Nach einigen Sekunden klopfe ich an die Holztür. Eine Stimme antwortet auf der anderen Seite. Sie könnte „Herein!" gesagt haben. Ich drücke den Türgriff herunter und trete in ein helles Büro ein.

Hinter einem breiten Schreibtisch sitzt Professor Erwin Schrödinger. Nobelpreis in Physik. Geflüchtet aus dem eingenommenen Österreich.

Der Professor, ein Mann um die Fünfzig, hebt seinen Blick. „Ach, Mr. O'Neill. Ich habe auf Sie gewartet", ruft er aus und reicht mir seine Hand. „Nehmen Sie bitte Platz!"

Professor Schrödinger strahlt eine ernste Freundlichkeit aus. Eine Brille mit schwarzer Fassung dominiert sein Gesicht. Er trägt einen dunklen Anzug und seine Haare sind sorgfältig nach hinten gekämmt.

Ich hole tief Luft, während ich mich auf einen Holzstuhl vor dem Schreibtisch setze.

„Alles klar mit Ihnen, Mr. O'Neill?" „Ja", seufze ich keuchend. „Es ist nur …ich bin mit dem Fahrrad gekommen."

„Strengen Sie Ihre Zellen nicht zu sehr an", lächelt der Professor und zeigt dabei seine Zähne.

„Meinen Zellen geht es gut, bis jetzt noch", erwidere ich traurig.

„Wann reisen Sie nach London, Mr. O'Neill?", fragt Schrödinger im ernsthaften Ton.

„Samstag, in einer Woche", ich richte meinen Blick aus dem Fenster.

Ich will nicht mit einem Fremden über meine Ängste reden. Das ist für mich eine unangenehme Situation.

Erwin Schrödinger ändert schnell das Thema. „Ich habe von Professor McCann erfahren, Sie seien einer der besten Studenten seiner Biologie-Vorlesungen."

„Die Biologie ist, seitdem ich mich erinnern kann, die Leidenschaft meines Lebens." „Die Leidenschaft Ihres Lebens?", wiederholt der Professor erstaunt, quasi amüsiert. „Das klingt ausgesprochen ernst, für einen jungen Mann in Ihrem Alter."

„Ich weiß. Aber ich habe immer geahnt, dass sich in der Zelle das Geheimnis des Lebens versteckt. Und mit ihm seine Bedeutung."

Bei diesen Wörtern richte ich meinen Blick erneut aus dem Fenster.

„Der Sinn des Lebens, den viele in der Religion oder in der Philosophie finden, steckt meiner Meinung nach im Zellkern."

„Ich bin mit Ihnen einverstanden, Mr. O'Neill", erwidert der Professor. „Teilweise, zumindest. Aber jetzt verraten Sie mir, warum Sie mich noch vor Ihrer Abreise unbedingt treffen wollten."

Jetzt schaue ich meinen Gesprächpartner wieder in die Augen.

„Wie Sie wissen, Mr. Schrödinger, habe ich einige Ihrer Vorlesungen gehört. Was mich interessiert ist die Anwendung der physikalischen Gesetze in der Biologie. Die Beziehung zwischen Physik und den Vererbungsmechanismen. Kurz gesagt, Mr. Schrödinger, kann die Quantenphysik das Geheimnis und die Unwiederholbarkeit der Lebenswesen erklären?"

Es vergeht ein langer Augenblick.

Dann antwortet der Professor langsam „Nach meiner bescheidenen Meinung, ja, Mr. O'Neill." „Dann, Mr. Schrödinger, verraten Sie mir worum es geht!", entbrenne ich.

Der Nobelpreis in Physik bricht in ein fröhliches Lachen aus.

„Mr. O'Neill. Sie verlangen, dass ich Ihnen die Gesetze der Quantenphysik, ihre mögliche Anwendung in der Biologie und meine persönlichen Schlussfolgerungen jetzt erkläre?"

Er lacht nicht mehr und schaut mich so an, als wäre ich ein Marsbewohner.

„Ja, Mr. Schrödinger. Das ist der Grund, warum ich Sie um einen Termin gebeten habe", meine Worte klingen sicher.

Ich fühle mich entschlossen. Wie jeder, der unmittelbar vor dem Tod steht.

„Mr. O'Neill, Sie sind noch so jung. Machen sie einen Schritt nach dem anderen. Diese Begriffe brauchen Zeit, um komplett angenommen zu werden." Der Professor hat eine väterliche Art angenommen. Das mag ich überhaupt nicht.

„Mr. Schrödinger, ich habe keine Zeit. Ich habe in den letzten Tagen gegrübelt, ob das Leben einen Sinn macht. Zumindest für uns sterbliche Menschen. Jetzt fühle in mich in einer Sackgasse und bitte Sie um Hilfe." „Sind Sie wirklich so sicher, dass Sie vom Krieg nicht zurückkehren werden?", fragt mich der Professor und schaut mir dabei tief in die Augen „Ja, ich bin sicher", antworte ich und merke, wie sich mein Blick schnell Richtung Fenster bewegt.

„Sehr gut, Mr. O'Neill. Ich bin bereit, Ihre Frage zu beantworten. Allerdings in kurzer Zeit. Um sechs Uhr habe ich eine Verabredung mit einem alten Freund."

Ja, ich habe es geschafft!

„Mr. Schrödinger, die Biologie-Referenzen, die Sie in Ihren Vorlesungen zitiert haben, sind mir sehr klar. Die Zelle, der Prozess der Zellteilung und die Beziehung zwischen Genen und Vererbungsmerkmalen sind ein wichtiger Teil meiner Studie. Was mich interessiert sind die Konsequenzen der Quantentheorie in der Zellkernforschung."

„Sie wissen, Mr. O'Neill, dass die Gene – das heißt die konkreten Träger eines bestimmten Vererbungsmerkmals – eine ausgesprochen kleine Menge von Atomen enthalten."

Ich denke an meine Haarfarbe, ein Vererbungsmerkmal, das mir seit jeher den Spitznamen „Rotschopf" eingebracht hat.

Erwin Schrödinger fährt fort in seiner Rede: „Die neuesten Zellstudien zeigen, dass die Gene höchstens etwa Tausend Atome beinhalten. Das ist eine überraschende kleine Zahl." „Und wieso denn?"

„Mr. O'Neill, die klassischen Physikgesetze sind wahrscheinlicher Natur. Das heißt, sie gelten nur, wenn eine beinahe unendliche Menge von Atomen ins Spiel kommt. Sehen sie, bei Zimmertemperatur sind die Atome in ständiger Bewegung. In einer völlig willkürlichen Bewegung. Etliche Prozesse, in denen nur eine kleine Anzahl von Atomen ins Spiel kommt – und Tausend *ist* eine kleine Zahl –, finden ohne ein erkennbares Gesetz statt."

Ich nicke einverständlich.

„Sogar ein scheinbar banaler Prozess, wie die Verteilung eines Farbmittels in Wasser, findet nur deswegen statt, weil eine unglaublich hohe Anzahl von Atomen daran beteiligt ist."

„Die Gene stellen daher eine Ausnahme dar."

„Richtig, Mr. O'Neill. Obwohl die Gene nur etwa Tausend Atome enthalten, folgt ihre Struktur einem extrem genauen Gesetz. Denken Sie nur an die verformte Lippe der Habsburger, die seit Generationen unverändert vererbt wird."

„Oder an die roten Haare der O'Neills", ergänze ich ironisch.

Rotschopf.

Schrödinger lächelt und nähert sich seiner Schlussfolgerung: „Die überraschende Stabilität der Vererbungsmerkmale kann NICHT anhand der klassischen, physikalischen Gesetze erklärt werden. Und hier kommt die Quantenphysik ins Spiel." „Endlich!" freue ich mich.

„Und, Ironie des Schicksals, die Quantentheorie wurde 1900 von Max Plank formuliert. Gleichzeitig mit der genetischen Mutationsstudie von De Vries."

„Die genetischen Mutationen? Was haben die Mutationen mit Quantenphysik gemeinsam?"

„Mr. O'Neill", klingt fröhlich Schrödingers Stimme, „die Mutationstheorie von de Vries kann als Quantentheorie der Biologie betrachtet werden."

Jetzt fühle ich mich überrumpelt: „Also, eine genetische Mutation ist eine zufällige Veränderung in der Struktur eines Gens. Diese Veränderung spiegelt sich in der Erscheinung eines neuen Vererbungscharakters. Aber wenn eine Mutation ein Zufallsereignis ist, wie kann sie von physikalischen Gesetzen bestimmt werden?"

„Wenn Sie es verstehen wollen, sollten Sie ein Gen so vergrößern, dass seine Atome sichtbar werden."

„Ach ja?"

„Wenn die Atome ein System bauen, dann dürfen sie keine willkürliche Konfiguration annehmen, sondern nur unter einer diskreten Serie von Zuständen auswählen. Der Übergang von einer geometrischen Form zu einer anderen kann als Quantensprung betrachtet werden. So entsteht ein mutierter Charakter in einem Gen."

„Hervorragend. Aber wie können diese kleinen Gene ein Lebewesen während des gesamten Zeitraums seiner Existenz beeinflussen?"

„Das erklärt sich, wenn die Gene als nichtperiodische Kristalle dargestellt werden." „Nichtperiodische Kristalle?"

Was ist das, denn?

„Mr. O'Neill, Ihnen ist sicherlich das Wachstum periodischer Kristalle vertraut." „Ja. Ich habe das Wachstum von Salzkristallen studiert …, unter günstige Bedingungen entstehen Kristalle, die größer als einen Meter werden. Meinen Sie das, Mr. Schrödinger?", frage ich verunsichert.

„Ich meine das und mehr: Wenn Sie die Salzkristalle unter dem Mikroskop beobachtet haben, haben Sie sicherlich festgestellt, dass eine Grundstruktur sich unendlich wiederholt. Genau wie ein Muster auf einer Tapete."

Ja, so ist es.

„Ein nichtperiodisches Kristall hingegen ändert ständig seine Struktur während seines Wachstums. Genauso wie ein Fresko auf einer Wand." „Und wie ist das überhaupt möglich? Sollte nicht ein solches Kristall auch seine chemische Komposition ändern?"

„Das ist nicht nötig, Mr. O'Neill. Denken Sie an die sieben Noten."

Oh, Gott. Jetzt erklärt er mir die Quantenmusik!

„Mit sieben Noten können Sie einen Kinderkanon schreiben, ein Refrain, der sich unendlich wiederholt. Das ist mit einem periodischen Kristall vergleichbar. Ein solcher Singsang, wenn auch hübsch, wird bald langweilig. Und er dient meist dazu, Kinder zum Einschlafen. Aber stellen Sie sich jetzt eine Symphonie von Beethoven vor!" Schrödingers Augen glitzern: „Eine Symphonie von Beethoven würde Sie die ganze Nacht wach halten!"

„Ich folge Ihnen, Mr. Schrödinger, aber was hat das mit Quantenphysik zu tun?"

„Das nichtperiodische Kristall, Mr. O'Neill. Ein nichtperiodisches Kristall ist eine Symphonie von Beethoven. Mit sieben Noten ist ein Werk entstanden, das kontinuierlich und bezaubernd seine Struktur ändert. Das ist das Geheimnis eines Kunstwerks."

Der Professor schaut mich ernsthaft an und fügt leise hinzu:

„Und das ist auch das Geheimnis des Lebens."

Ach so! Das kapiere ich jetzt, aber …

„Aber wie erklärt die Quantenphysik, dass ein Lebewesen ein Lebewesen ist? Kann die Quantenphysik auch erklären, wo der Unterschied zwischen Leben und Nichtleben liegt?"

„So kommen wir an die Kernfrage", schmunzelt Schrödinger. „WAS IST LEBEN?"

„Tja. Der wahre Grund, warum ich den Termin mit Ihnen vereinbart habe!", lächele ich verlegen.

„Erlauben Sie mir eine Vorbemerkung, Mr. O'Neill", beginnt der Nobelpreisträger. „Nach den Gesetzen der klassischen Physik, neigt jedes System von der Ordnung zur Unordnung: das Wasser verdunstet in einer Schüssel. Im Winter, wird unser Wohnzimmer ausgesprochen kalt, wenn wir es nicht heizen. Das Salz löst sich im Wasser. Diese sind alle Beispiele von molekularer Unordnung."

„Molekulare Unordnung?"

„Die Moleküle, genauso wie die Atome, werden von thermisch bedingten Bewegungen beeinflusst. Im Fall der Wasserverdunstung, bewegen sich die Wasserpartikel völlig unordentlich, und die gegenseitigen Kollisionen verursachen ihre progressive Ausscheidung vom Wasser in die Luft. Und manchmal ist es gut so. Stellen Sie sich vor, wenn die Wäsche nicht trocknen würde", der Professor lächelt einen Augenblick. Dann setzt er ernsthaft fort:

„Diese progressive Steigerung der molekularen Unordnung passiert *nicht* bei lebendigen Lebenswesen. Das Geheimnis des Lebens ist die Ordnung zu behalten."

Die Ordnung behalten …

Ich denke an Mums Worte.

Keine Harmonie ohne Ordnung.

„Und dieses Gesetz, auf dem das Leben beruht, widerspricht den physikalischen Gesetzen?", frage ich misstrauisch.

„Nein, wenn wir die Modifizierung der klassischen Physik durch die Quantenphysik annehmen." „Aber, Mr. Schrödinger, Sie haben gesagt, die Quantentheorie gilt für die mikroskopische Welt!", protestiere ich vehement.

„Die Quantentheorie wurde formuliert, um die atomaren Systeme zu erklären. Allerdings, gibt es genügend, makroskopische Phänomene, die auf dem Prinzip der Ordnung aus der Ordnung beruhen." „Und welche?" „Die Bahn der Planeten, beispielsweise. Und allgemein, alle mechanischen Phänomene, in denen die Reibungskraft für eine relativ lange Zeit vernachlässigt werden kann."

Mechanische Phänomene …

Schrödinger hilft mir dabei. „Ein Phänomen wird als rein mechanisch betrachtet, wenn die molekulare Unordnung vollkommen aufhört. Nach der Quantentheorie passiert das beim absoluten Nullpunkt, bei mehr oder weniger minus 273 Grad Celsius."

Ich erröte und breche ins Lachen aus: „Bei einer solchen Temperatur gäbe es überhaupt kein Leben!"

Der Professor schmunzelt. „Das stimmt. Allerdings haben Laborexperimente erwiesen, dass viele physikalische Systeme schon bei Zimmertemperatur einen *de facto* Null-Unordnungsgrad besitzen. Und das könnte der Fall der Lebewesen sein."

Ich resigniere.

Der Professor hat doch für alles eine Erklärung.

„Mr. O'Neill", Schrödinger zieht eine silberne Uhr aus der Hosentasche und schaut darauf. „Ich habe versucht, Ihnen die Studien zu erklären, mit denen ich mich in den letzten dreißig Jahren beschäftigt habe. Denken Sie immer daran. Auch wenn wir heute viele Phänomene nicht erklären können, heißt das nicht, wir werden es in Zukunft nicht schaffen."

„Davon bin ich auch überzeugt, Mr. Schrödinger. Und vielen Dank, dass Sie mir Ihre kostbare Zeit gewidmet haben."

Ich stehe auf und nehme meine Baskenmütze hoch, die ich unabsichtlich auf den Schreibtisch gelegt hatte.

„Jetzt weiß ich, womit ich mich in den nächsten Tagen beschäftigen werde." „Werden Sie über unsere Konversation nachdenken?"

„Und wie! Ich werde dabei auch *Ordnung* in meine Gedanken bringen."

„Ich fasse gerade die Notizen meiner Vorlesungen zusammen. Die Idee ist ein kleines Buch zu schreiben", erzählt der Professor.

„Wie schön. Das würde ich wirklich gerne lesen."

Dabei verfinstern sich meine Gefühle.

Der Blutgeruch. Der Todesgeruch schleicht sich widerwärtig in meinen Kopf.

„Ich denke noch über die Schlussfolgerungen nach", unterbricht Schrödinger meine Gedanken, „die ausschließlich spekulativ sein können"

SPEKULATIV?

Dieses Wort klingt mir wie eine Alarmglocke.

Mir wird bewusst, dass ich doch noch eine Spur für die Lösung meines Lebensrätsels brauche.

Und, für einen Augenblick, vergesse ich den Krieg.

„In diesem Zusammenhang habe ich noch eine Frage", nähere ich mich dem Schreibtisch wieder: „Aus dem Modell des nichtperiodischen Kristalls der Gene folgt, dass die gesamte Information eines Lebewesens bereits in dem befruchteten Ei enthalten ist. Die ganze Information, die ein ganzes Leben bestimmt", spreche ich meine Wörter langsam aus.

„Das heißt, noch bevor der Teilungsprozess der Zellen anfängt", fügt mein Gesprächpartner mit einem enigmatischen Lächeln hinzu.

„Aber wenn alles bereits vorbestimmt ist, wo bleibt dann die Freiheit des Menschen?"

Ich beobachte das enigmatische Lächeln des Professors und ahne, dass sich dahinter eine geheimnisvolle Wahrheit verbirgt.

Ich setze mich wieder auf den Holzstuhl. „Glauben Sie vielleicht, dass der Mensch doch keine Wahlmöglichkeit hat? Dass sein Leben, sein ganzes Leben vorbestimmt ist?"

„Mr. O'Neill, aus meiner eigenen Erfahrung ist mir bekannt, dass *ich* die Bewegungen meines Körpers bestimme, genauso wie *ich* meine Gedanken steuere. Das heißt, *ich* kann auch ihre Auswirkung bestimmen."

Diese Worte werfen ein Licht hinter die Türe der geheimnisvollen Wahrheit.

„Meinen Sie, dass …?"

„Mr. O'Neill", unterbricht mich der Professor: „Sie wissen doch, dass Sie, wenn Sie sich jetzt ungeschickt bewegen, vom Stuhl fallen werden. Und das Hinfallen wird Ihnen sehr wahrscheinlich Schmerz verursachen."

Der Mann richtet seine Augen auf meine. Und ich lasse den Blick nicht los.

„Genauso bestimmen Sie Ihre Gedanken. Sie können weiterhin an den Krieg denken, und sich traurig fühlen. Oder Sie können sich von dem Sonnenuntergang inspirieren lassen, und ein tiefes Gefühl der Freude spüren."

Aber …, aber …, aber …

„Sie meinen, die gesamte Information über meine Lebensentwicklung ist vorgegeben, aber ich bin derjenige, der dann meine Taten bestimmt?", frage ich, und bereite mich dabei vor, in die Dunkelheit zu springen.

„Richtig. Mr. O'Neill", sagt der Professor und wartet augenscheinlich darauf, dass ich meine eigene Schlussfolgerung ziehe.

„Sie meinen wohl …ich brauche keinen Gott, der meine Tat richtet …"

Schrödingers Schweigen spornt mich an.

„Sie meinen, *ich* nehme den Platz Gottes?", lauten ungläubig meine Wörter.

„Logischerweise ist dies die Schlussfolgerung", sagt der Professor in ruhigem Ton. „Gibt es einen besseren Beweis für die Gottesexistenz *und* für die Unsterblichkeit der Seele?"

„Sie meinen: *Ich bin Gott*?", flüstere ich und fühle mich beinahe ohnmächtig.

Auswendig gelernte Sätze in der Schule, die Bibel in der Kirche, Mums Geschichten, meine ganze Erziehung, alles dreht sich plötzlich wie ein Wirbel in meinem Kopf.

Aber ..., aber ..., aber ...

Ich schaue meinen Gesprächpartner sprachlos an.

Dieser ernsthafte, ruhige Mann, der mit dieser Wahrheit die Struktur meines Lebens völlig zerstört hat.

Was für eine Erziehung habe ich denn bekommen? Bin ich das Opfer eines Komplotts? Der Gehirnwäsche unterzogen, seitdem ich geboren bin?

Ich spüre ein unerträgliches Hämmern in meinen Schläfen.

„Mr. O'Neill!", der Professor zieht mich aus meinem Gedankenwirbel heraus, „Die Schlussfolgerungen, die auf dem molekularen Modell des Gens beruhen, sind weder neu noch besonders erschütternd." „Sind sie nicht? Für mich schon!", protestiere ich.

„Seit 2.000 Jahren ist dieses der Kern der hinduistischen Doktrin. Und das ist auch die Schlussfolgerung der Asketen in den vergangenen Jahrhunderten. Das ist auch die Philosophie Schopenhauers."

„Dieser Teufelsmann!"

„Mr. O'Neill, starten wir von der direkten Erfahrung." „Und von welcher?" „Dem Bewusstsein."

Dem Bewusstsein?

„Sehen Sie, alles was Sie fühlen, spüren oder wahrnehmen, wird immer als Einzahl experimentiert."

„Geben Sie mir bitte ein Beispiel, Mr. Schrödinger!", sage ich völlig durcheinander.

„Sehen Sie den Baum dort hinten?", der Professor dreht sich um und zeigt aus dem Fenster auf einen großen Kastanienbaum. „Zweifellos existiert ein echter Baum. Was ich allerdings sehe, ist das Bild des Baumes in meinem Bewusstsein. Auch wenn sehr ähnlich – weil wir beide den Begriff *Baum* gelernt haben – ist Ihre Wahrnehmung davon anders als meine."

„Ich verstehe, was Sie meinen, Mr. Schrödinger", bezeuge ich, wieder beruhigt. „Ich sehe den Baum nach der Perspektive meiner Erfahrung."

„Richtig, Mr. O'Neill. Wenn Sie und ich, unabhängig voneinander, denselben Baum beschreiben würden, könnte ein unwissender Zuhörer sogar denken, dass wir von zwei unterschiedlichen Bäume reden."

„Aber sicher!"

Ich denke an die Schulzeit.

„Jetzt erinnere ich mich. Mein Philosophielehrer behauptete, die Wahrheit sei wie ein Hügel. Jeder von uns sieht ihn vom eigenen Gesichtspunkt aus. Manchen scheint er im Schatten; anderen von der Sonne beleuchtet." „Genauso ist es. Sie haben ins Schwarze getroffen", lächelt Schrödinger.

„Es ist die Verwechslung der Wahrheit mit dem eigenen Gesichtspunkt, die immer Konflikte und Kriege verursacht."

Verdammter Krieg!

„Allerdings ist es wichtig zu bemerken, dass unser Bewusstsein sich ständig entwickelt", bekräftigt der Professor. „Denken Sie nur an Ihre kindlichen Überzeugungen oder Ängste. Und Sie werden sich selbst als Kind fremd vorkommen."

Ich lächele. Ich sehe mich selbst als Kind, und Mum erzählt mir, wie der Klapperstorch mich auf das Dach gelegt hat.

„Sehen Sie, Mr. O'Neill, nächste Woche werden Sie nach London fahren. In den nächsten Monaten werden Sie viele neue Situationen erleben. Sie werden neue Leute kennen lernen und vielleicht zwischendurch sogar Ihre Freunde hier in Dublin vergessen. Jedoch werden Sie keinen Augenblick daran glauben, dass Sie eine andere Person geworden sind. Nur weil Sie eine völlig neue Situation erleben."

„In der Tat, hatte ich nie an die Evolution unter diesem Gesichtspunkt gedacht."

„Sogar, wenn Sie in Folge einer traumatischen Erfahrung Ihre Vergangenheit vergessen würden, würde Ihr *Ich* intakt bleiben. Sie würden nicht sagen, jemand habe Sie umgebracht, nur weil Sie keine Erinnerungen mehr haben."

Ich fühle mich weiterhin sprachlos. Und erleichtert.

„Verstehen Sie jetzt, was ich mit Unsterblichkeit meine?", fragt Erwin Schrödinger.

„Ja, ich verstehe Sie jetzt", antworte ich langsam. „Und alles das haben Sie nur mit der Hilfe physikalischer Gesetze entwickelt?"

„Mr. O'Neill, wenn jemand die erschütternde Erfahrung der Quantenphysik erlebt, steht er unmittelbar vor einem Abzweig. Entweder lebt er wie sonst weiter, und trennt dabei die tägliche Existenz von den Laborerfahrungen. Oder es wird ihm bewusst, dass das Leben jenseits der Erfahrung der fünf Sinne weiter geht, und wird konsequent."

Der Nobelpreisträger macht noch eine Pause:

„Ich habe mich für den zweiten Weg entschieden."

Ich schaue den Professor an und schweige einen Augenblick.

„Die Konversation heute Nachmittag mit Ihnen, Mr. Schrödinger ist einer der wichtigsten Momente meiner Existenz. Ich hoffe wirklich, dass Sie diese Schlussfolgerungen in Ihrem Buch veröffentlichen werden."

„Ja, ich glaube, ich werde es tun", lächelt der Professor. Seine Augen, hinter der Brille mit der schwarzen Fassung, leuchten.

Ich beobachte den Himmel aus dem Fenster. Weiße Wolke schwimmen darin.

Jetzt ist es Zeit, dass ich meinen Weg gehe.

Ich stehe auf: „Mr. Schrödinger, ich danke Ihnen für Ihre Zeit. Und für Ihre Klarheit."

Der Professor reicht mir die Hand hinter dem Schreibtisch. „Ich wünsche Ihnen viel Glück, Mr. O'Neill! Und hoffe, Sie bald wieder zu sehen."

Ich lächele: „Jetzt ist das all nicht mehr so wichtig. Mit dieser neuen

Wahrheit ausgerüstet, fühle ich mich sicher. Ich weiß, es kann mir nichts Schlimmes mehr passieren. Auf Wiedersehen, Mr. Schrödinger."

Ich schließe die Tür hinter mir und steige langsam die Treppe hinunter.

Auf dem Fahrrad lasse ich mich einfach von meinen Füßen auf den Pedalen führen.

Ich fahre ohne Ziel durch die Stadt. Ich spüre eine tiefe Leichtigkeit in meinem ganzen Körper. Das ähnelt sehr einem Gefühl der Freude.

Jetzt sehe ich mich selbst von hinten. Ich sehe, wie ich weiterfahre und immer kleiner werde.

Schließlich verschwindet meine Figur am Horizont und alles wird weiß …

… weiß wie meine Wohnzimmerdecke.

„Das bin ich, Chiara!", rufe ich aus mit offenen Augen.

Ich schaue mich um und freue mich, dass ich wieder daheim in Bonn bin. Und dass ich nicht in den Krieg muss.

Ich bleibe auf dem Sofa liegen, während das Erlebnis der letzten Stunden in Dublin sich erneut, ganz schnell vor meinen geistigen Augen, abspielt.

Ich bin Gott", schwingen Jimmys Wörter in meinem Kopf. Dabei spüre ich ein kribbelndes Gefühl im ganzen Körper.

„Ich bin Gott …", so einen Satz kann ich nur ganz leise flüstern.

Ich bestimme jeden Augenblick meines Lebens!

Einige Minuten später gucke ich auf die Uhr.

Sieben Uhr Abend. Sechs Uhr in Dublin.

Vielleicht ist Erwin Schrödinger noch rechtzeitig zu seiner Verabredung gekommen.

Ich stehe auf und gehe in den Garten.

Ich setze mich auf einen Stuhl und genieße die letzten Sonnenstrahlen.

Ich gehe meinen Weg …

… und erforsche mich weiter.

„Mama, spielst du mit mir?", fragt mich Luca.

Er hält eine Schachtel in der Hand.

„Und was möchtest du spielen?" „Ich will das Puzzle machen, das mir die Oma geschenkt hat." „Na gut, setzen wir uns an den Küchentisch!"

Das Puzzle stellt Walt Disneys Schneewittchen dar mit der Hexe, die ihm den giftigen Apfel reicht.

Ich denke an Ines.

Es sind sechzig Teile, und schon nach einigen Minuten zeigt mein Sohn seine Ungeduld.

„Und wohin kommt dieses Teil? Und das? Und das?", spornt er mich andauernd an.

„Luca, für ein Puzzle brauchst du ein wenig Geduld!", unterbreche ich ihn schroff. „Du sollst ein Stück nach dem anderen hinlegen und schauen, ob es passt", setze ich ruhiger fort.

Das Bild nimmt langsam Form an und Luca begeistert sich. Die letzten Teile legt er ohne meine Hilfe hin.

„Geschafft!", ruft er am Ende stolz aus.

Ich schmunzle und denke an „mein Puzzle". Und an die Zeit nach meiner vierten Reise.

Jimmys Satz: *„Ich bin Gott?!"*, schallt immer wieder in meinen Gedanken und macht mich schwindelig. Bei diesem Satz fühle ich mich wie in einem Flugzeug, in zehntausend Metern Höhe, aus dem ich gleich runterspringen soll.

Als promovierte Physikerin habe ich die Theorie der Quantenphysik und Schrödingers Arbeiten studiert. Erwin Schrödinger hat 1933 den Nobelpreis in Physik bekommen. Allerdings war mir die Beziehung zwischen physikalischen Gesetzen und der Unsterblichkeit der Seele bis jetzt noch nicht bekannt.

Einige Tage nach meiner inneren Reise finde ich Schrödingers Büchlein „Was ist Leben?" in der Uni Bibliothek.

Der Text ist einfach und klar geschrieben. Darin finde ich die vielen Begriffe, die der Professor mir – als Jimmy – erklärt hat.

Vor allem lese ich die Schlussfolgerungen mit größter Neugier:

„Nach der christlichen Terminologie ist der Satz ‚Daher bin ich der allmächtige Gott' gleichzeitig Fluch und Unsinn. In sich ist die Behauptung nicht neu. Das erste Mal wurde sie, nach meiner Kenntnis, etwa vor 2 500 Jahren behauptet. Seit dem ersten ‚Upanisad' wurde die Gleichung ‚atman' = ‚brahman' (das persönliche Ich ist gleich das allmächtige Ich) nicht als Fluch betrachtet, sondern als die Essenzvorstellung des tiefsten Wissens."

Ich lese diese Sätze noch einmal. Und fühle mich dabei überwältigt.

Obwohl ich mich mit der orientalischen Religion und der hinduistischen Doktrin auskenne, habe ich mir die Schlussfolgerung „Ich bin Gott", nie zu denken getraut.

Um Gottes Willen! Der Begriff verstößt völlig gegen meine christlich-katholische Erziehung.

Mir wurde immer beigebracht, dass ich ständig auf Gottes Hilfe angewiesen bin. Letztendlich hatte auch Yogananda behauptet, ich solle mich auf Gott verlassen.

Und jetzt stürzt auch diese grundlegende Säule – diese Illusion – meines Lebens ein.

Ich habe mich so viele Jahre intensiv mit Physik, Philosophie und Religion beschäftigt. Warum ist mir so ein Begriff nicht früher bewusst geworden?

Nun ist es mir aber klar.

Ich bin doch der Schmied meines Glücks.

Ich steuere meinen Körper und meine Gedanken. Und dabei lenke ich meine Ideen. Und meine Gefühle.

Ich kann selber entscheiden, ob ich Glück oder Traurigkeit empfinde.

Ist das wirklich wahr?

Ich stelle mich auf die Probe und experimentiere mit mir selber. Schließlich bin ich Naturwissenschaftlerin.

Das nächste Mal, dass ich traurig oder verärgert bin, bleibe ich nicht in meinen Gedanken hängen, sondern lenke meine Aufmerksamkeit lieber auf eine schöne Erinnerung. Und fühle mich direkt besser …

Hey, es funktioniert!

Das Experiment führe ich immer wieder durch. Es ist schwierig, meine eigenen Gefühle zu steuern, aber wenn ich es schaffe, verschwinden meine emotionalen Verletzungen viel schneller.

Mittlerweile erkenne ich die Illusionen, die ich auf den vier Reisen erlebt habe.

Die Illusion der Medizin, die den Körper seziert und jedes Teil getrennt von den anderen betrachtet. Und dabei vergisst, dass der Mensch eine Einheit ist.

Die Illusion der Philosophie, die zwar die Gedanken rationalisiert und sich ontologische Fragen stellt. Allerdings vernachlässigt sie, dass der Mensch bereits in sich die Wahrheit trägt.

Die Illusion der Religion, die sich mit ihren vorgegebenen Dogmen zwischen Mensch und Gott stellt. Und dabei, die Kommunikation – die Kommunion mit Gott – verhindert.

Und auch die Illusion der Wissenschaft, die sorgfältig die Natur analysiert und ihre Prozesse erklärt. Aber immer noch vehement die Kraft des Lebensgeistes verneint.

Bei jeder Reise ist mir immer wieder klarer geworden, wie ich mein Leben „freiwillig" abgegeben habe. Ich habe mein Leben lieber den Ärzten, der Wissenschaft, der Familie, meinem Mann, dem lieben Gott – den ich nie gesehen habe – in die Hand gegeben.

Mit der blinden Überzeugung, dass die „Anderen" mein Leben besser führen können als ich.

Ich habe mich auf andere verlassen. Und jetzt merke ich, dass diese Stützen sehr wackelig sind.

Und nun? Wie kann ICH selber meinem Leben einen Sinn geben?

Vielleicht wird mein Puzzle mit der letzten Reise von selbst fertig werden. Oder vielleicht ist Ines nur die grausame Hexe von Schneewittchen.

Einige Tage nach der vierten Reise rufe ich Ines an, und teile ihr meine letzte Erfahrung in Dublin mit.

„Und hast du deine Wahrheit gefunden?", fragt sie mich fröhlich. „Ja und nein", lautet meine Antwort.

„Chiara, entscheide dich für ja oder für nein", tadelt mich die Hexe.

„Es fehlt mir noch etwas. Eigentlich fehlt mir noch das Wesentlichste. Ich habe auf den vier Reisen viele Illusionen wahrgenommen. Jetzt ist mir bewusst, dass das Leben über die übliche Erfahrung hinausgeht, und dass ich für mein Schicksal verantwortlich bin. Allerdings sehe ich immer noch keine Verbindung zwischen meinem neuen Bewusstsein und meinem täglichen Leben. Wie soll ich mich jetzt verhalten? Soll ich meine Familie verlassen, in ein Kloster ziehen und da vierundzwanzig Stunden am Tag meditieren? Ines, ich weiß immer noch nicht, was ich Konkretes tun soll. Wie ich alles in die Tat umsetzen kann."

„Chiara, du hast noch eine Reise vor dir. Und es ist Zeit, dass du fährst." „Und wenn ich versage?"

Ines lacht vergnügt auf der anderen Seite und verabschiedet sich. „Ruf mich wieder an, wenn du zurückkommst!", sind ihre letzten Wörter.

Die fünfte Reise.
Meine letzte Chance.
Und wenn ich versage?
Ich verschiebe lieber die Reise.
Ich habe noch Zeit. Das Jahr der Ziege dauert noch ein paar Monate …

Die Wochen vergehen schnell. Die Tage verkürzen sich. Der Herbst färbt die Blätter.

Herbst. Die Erntezeit.

Zeit, dass ich meine Erfahrungsfrüchte ernte.

Ich hole mir jetzt Bestätigung.

Nach länger als einem halben Jahr besuche ich wieder meine Augenärztin, Frau Dr. Wecker, und mache einen Sehtest.

„Sehr erfreulich, Frau Lemme. Ihr Sehvermögen hat sich um eine Dioptrie verbessert." „Ehrlich?", frage ich erstaunt.

Ich habe schon den Eindruck gehabt, dass meine Augen in den letzten Wochen schärfer sehen, aber die medizinische Bestätigung ist für mich eine Sensation.

„Eine Dioptrie ist zwar nicht so viel", bremst Frau Dr. Wecker meine Begeisterung, „aber Sie sind auf dem richtigen Weg. Machen Sie Ihre Augenübungen weiter und kommen Sie in einem halben Jahr wieder."

Die Augenärztin verschreibt mir eine viel schwächere Brille.

Es ist das erste Mal seit zwanzig Jahren, dass meine Augen sich verbessert haben.

Ich fühle mich so glücklich, so stark und so frei.

Das war alles kein Traum, ich kann tatsächlich mein Schicksal schmieden!

Als Erstes will ich diese unglaubliche Nachricht meinen Freunden und Bekannten mitteilen, die auch unter Fehlsichtigkeit leiden.

Sie müssen das auch unbedingt wissen …

Allerdings sind ihre Reaktionen alles anders als erwartet.

Meine fassbaren Resultate werden nicht mit Begeisterung angenommen, sondern mit Überheblichkeit abgelehnt.

„Schön für dich, aber weißt du, meine Kurzsichtigkeit hat eine traumatische Ursache, die nicht rückgängig gemacht werden kann."

„Ich freue mich für Dich, aber ich habe auch einen angeborenen Astigmatismus, den solche Übungen nicht beeinflussen können."

„Das klingt ausgesprochen interessant, aber Zeit für Augenübungen habe ich nicht."

Was? Sind alle verrückt?
Ich mache meine Augenübungen weiter.

Meine Periode kommt seit ein paar Monaten wieder regelmäßig und Frau Goldschmidt – meine Frauenärztin – bestätigt mir, dass alles in bester Ordnung ist. Keine Hormonstörung!

Jetzt, da meine berufliche Pause angefangen hat, fülle ich mein Leben mit den vielen „Kleinigkeiten", die ich mir früher nie gegönnt habe. Ich gehe morgens durch den Wald spazieren, ich nehme mir eine Stunde und höre *nur* Musik, ich lese die vielen Bücher, die sich auf meinem Nachttisch gestapelt haben.

Wie damals, als ich nach Köln kam.

An einem Vormittag gehe ich in die Buchhandlung und schaue mir die vielen Veröffentlichungen an. Das mache ich unheimlich gern. Ich könnte stundenlang hier meine Zeit verbringen. Insbesondere gehe ich durch die Abteilung Esoterik, Lebenshilfe und alternative Medizin mit großem Interesse.

Mensch, wie viele Werke gibt es über diese Themen!

Hier blättere ich zufällig in einem Skript, das über Zellenkommunikation berichtet. Und über eine Frau, die diese Zellenkommunikation ermöglicht. Interessant ist, dass diese Frau nicht irgendwo in Amerika wohnt – wie es üblich ist –, sondern in Köln.

Die Idee der Zellenkommunikation ist faszinierend. Das erinnert mich an Jimmy … und an die Quantentheorie.

Vielleicht sollte ich diese Frau kontaktieren …

Vielleicht. Aber vorher habe ich noch einen Termin mit meinem Hausarzt. Drei Monate sind vergangen, seitdem ich die Hormontherapie abgesetzt habe und jetzt ist Zeit für den Bluttest.

Eine Woche später treffe ich hoffnungsvoll Herrn Dr. Hoffmann in seiner Praxis.

Die Ergebnisse sind da und ich bin weiterhin auf Bestätigung eingestellt.

„Frau Lemme, die Ergebnisse zeigen eine klare Verschlechterung ihres Blutbildes", kündigt der Arzt direkt an.

Oh, nein! Das kann nicht sein!

„Schauen Sie sich den TSH-Wert an: ihre Schilddrüse produziert viel zu viel Hormone."

„Und was soll ich jetzt tun?", flüstere ich wie geschlagen.

„Mein Rat ist, dass Sie sich wieder in Verbindung mit Herrn Dr. Dr. Thiesen setzen und die abgebrochene Therapie fortsetzen."

Nein! Nein! Nein!

Als ich die Praxis von Herrn Dr. Hoffmann verlasse, fühle ich mich um hundert Jahre gealtert.

Die erfreulichen Resultate der letzten Wochen sind von einer Zahl wie verschluckt worden.

Und was mache ich jetzt?

Soll ich wieder mein Schicksal in der Nuklearmedizin abgeben?

Nein! Nein! Nein!

Ich bin der Schmied meines Glücks, aber ich weiß nicht, was ich konkret tun soll.

Auf dem Weg nach Hause fällt mir das Schild einer Naturheilpraxis auf.

„Martina Korn. Naturheilverfahren"

Vielleicht ist die alternative Medizin eine Lösung.

Am nächsten Tag rufe ich direkt Frau Korn an und erzähle ihr meinen gesundheitlichen Kummer. Frau Korn hat eine sehr höfliche und sehr verständnisvolle Stimme, die mich irgendwie beunruhigt.

„Ich behandele selber keine Schilddrüsenerkrankungen, aber ich kenne einen Heilpraktiker in Brühl – Herrn Feld –, der Ihnen behilflich sein könnte."

Frau Korn gibt mir die Adresse und Telefonnummer von Herrn Feld und verabschiedet sich ausgesprochen nett: „Unternehmen Sie etwas gegen Ihre Erkrankung so früh wie möglich. Solange es Ihnen noch gut geht."

Ich lege das Telefon auf und meine Beunruhigung nimmt Form: auch die Heilpraktikerin sieht mich als einen unheilbar kranken Menschen!

Mist! An WEN kann ich mich jetzt wenden?

Inzwischen sind die Blätter von den Bäumen gefallen und haben den Garten mit einem wunderschönen rot-gelben Teppich bedeckt.

Der Winter steht vor der Tür.

Ich betrachte noch einmal Lucas Puzzle und weiß, dass der Moment für die fünfte Reise gekommen ist.

Die Enthüllung …

… geschieht an einem traurigen, regnerischen Novembersonntag.

Wir haben den Kamin im Wohnzimmer angemacht und frühstücken gerade, als das Telefon klingelt.

Marco steht auf und antwortet: „Hallo Rainer! … Gut und euch? … Nein, bei so einem Wetter haben wir nichts im Programm … Ja, und wir haben sogar den Kamin angemacht … Prima Idee … Warte, ich frage Chiara."

Marco legt seine Hand auf den Hörer: „Rainer und Bettina laden uns spontan zum Mittagessen ein."

Oh nein! Nicht heute …

Ich schüttele den Kopf, während mein Mund ein stummes „Nein!", schreit.

„Na ja, Chiara fühlt sich heute nicht so wohl … Nein, nur eine Erkältung … Aber Luca und ich kommen gerne … Was sagt Lea? Will sie mit Luca spielen? … Wir fahren gleich los … Auf alle Fälle sind wir vor Mittag da."

Ich höre die letzten Wörter sprachlos. Und bin sauer.

„Hör mal, Chiara!", legt mein Mann auf und gibt mir keine Zeit zu explodieren.

„Ich habe Lust, Bettina und Rainer heute zu treffen. Was ist mit dir, Luca? Willst du heute mit Lea spielen?"

Mein Sohn nickt mit dem Kopf. Er verschluckt gerade ein Schokobrötchen.

„Siehst du?", klingt Marcos Stimme triumphierend. „Du hast die Wahl. Mit uns kommen, oder hier bleiben. Und weiter grübeln, ob das Leben einen Sinn hat."

Sein Ton ist ausgesprochen sarkastisch.

„Gut. Dann geht. Ich bleibe lieber hier und denke über den Sinn des Lebens nach!", antworte ich genauso beißend.

Eine halbe Stunde später sitze ich allein vor dem Kamin.

Ich schaue in den Regen, der gegen das Fenster schlägt.

Es ist ein grauer, dunkler, deutscher Novembertag.

Vielleicht ist Rainers Anruf kein Zufall gewesen.

Vielleicht ist er das Startzeichen für die letzte Reise.

Vielleicht.

„Jetzt ist Schluss!", rufe ich laut und stehe auf. „Der Moment ist gekommen!"

Ich gehe entschlossen ins Schlafzimmer, befreie das Messingkästchen von der kleinen Bücherarmee und öffne es.

Ich schaue die Ampulle mit der Nummer „V" an.

Dann hebe ich den Kopf hoch und sehe mein Bild im Schrankspiegel.

Der orangene Pullover, den ich heute trage, passt nicht zu diesem November Tag.

Vielleicht ist das auch kein Zufall …

Ich setze mich auf das Bett, trinke den Zauberfilter und schließe automatisch meine Augen.

Ich höre noch klar die Regentropfen gegen das Fenster schlagen.

Gleichzeitig fühle ich mich in Bewegung. Als ob ich plötzlich im Auto sitzen würde.

Als ich meine Augen wieder öffne, befinde ich mich in einem Zugabteil. Die Bahn fährt gerade durch ein flaches Land.

Ich schaue aus dem Fenster. Die Landschaft ist traurig. Die Felder sind leer. Die Bäume ohne Blätter. In der Ferne bemerke ich einige Schornsteintürme. Sie machen die Landschaft noch trostloser.

‚Na ja, diesmal habe ich wohl kein Glück gehabt', denke ich.

Seltsam.

Ich habe den Eindruck, dass diesmal alles anders verläuft.

Meine Gedanken mischen sich mit keinen anderen. Mir ist immer noch bewusst, dass ich Chiara bin.

Instinktiv, schaue ich meine Hände und meine Kleider an. Ich trage eine dunkle Hose und einen orangenen Pullover. Dieselben Kleider, die ich heute morgen angezogen habe!

Am Ringfinger meiner linken Hand leuchtet ein goldener Trauring.

Mein Ring!

Ich berühre mein Gesicht.

Das bin ich wirklich.

Ich bin Chiara!

Was passiert denn gerade?

Ich bin nicht mehr daheim. Sondern in einem Zug.

Und wohin fährt er überhaupt?

Ich schaue mich erstaunt um. Das Großraumabteil ist so gut wie leer. Drei Reihen weiter vorn sitzt eine Frau. Hinter mir, höre ich zwei männliche Stimmen. Sie sprechen Deutsch!

Um mich herum sieht alles sehr modern aus, genauso wie in der heutigen Zeit.

Ich, als Chiara, reise ins Präsens?

Ich blicke auf die Uhr. Kurz vor zehn.

Den Zauberfilter habe ich vor einigen Minuten getrunken.

Habe ich den wirklich getrunken? Heute ist alles so normal im Zaubertrank!

Die Verwirrung ist komplett und tausende Fragen beschäftigen meine Gedanken.

Wie kann ich gleichzeitig an zwei verschiedenen Orten sein?

Ich spüre es, ich weiß es. Das ist kein Traum.

Was mache ich im Zug? Wohin fahre ich gerade?

Auf den letzten Reisen habe ich immer jemanden getroffen. Vielleicht habe ich auch diesmal einen Termin.

Mit wem denn?

Der Zug fährt auf einmal langsamer und hält an einem kleinen Bahnhof.

Das Gleis ist leer. Ein einziges, weißes Schild steht da: „Brühl".

Brühl?

Brühl befindet sich nur wenige Kilometer entfernt von Bonn. Hier arbeitet Herr Feld, der Heilpraktiker.

Und wenn ich doch mit ihm einen Termin vereinbart habe? Vielleicht sollte ich hier aussteigen …

Mittlerweile haben sich die Türen wieder geschlossen und der Zug fährt weiter.

Kein Termin in Brühl.

Ich mache meine Handtasche auf und suche nach einem Indiz. Weder der Geldbeutel noch das Handy können mir weiterhelfen. Ich taste in meinen Hosentaschen. Keine Spur.

Dann stehe ich auf und nehme einen dunkelbraunen Mantel. MEINEN Mantel.

Der hängt auf einem Hacken neben dem Fenster. Auch hier durchsuche ich die Taschen. Ein Taschentuch und eine Fahrkarte. Eine Fahrkarte nach Köln.

Endlich!

Ich betrachte die Fahrkarte und will mich an etwas erinnern.

Dann wende ich sie und lese auf der Rückseite eine Notiz. Mit meiner Handschrift verfasst!

16. Nov., 10.00 Uhr, Frau Dorandt, Hotel *X.*

Heute ist der 16. November! Aber ich habe nie den Name Dorandt gehört! Oder doch?

Ja! Sie ist die Frau der Zellenkommunikation.

Der Termin ist in Köln. Das ist auch logisch. Ich habe doch gelesen, dass sie da arbeitet. Aber wo ist das Hotel *X*?

Eine metallische Stimme unterbricht meine Überlegungen.

„Nächste Haltestelle, Köln Hauptbahnhof!“

Ich springe auf. Ich ziehe den Mantel an und erreiche die Ausgangstür.

Draußen regnet es kaum noch.

Vor dem Bahnhof frage ich einige Fußgänger nach dem Hotel.

Keiner kennt es!

Mist!

Dann steige ich die Treppe hinauf, jetzt befinde ich mich auf der Domplatte.

Vor der imposanten Basilika halte ich an und richte meinen Blick nach oben. Ich kann kaum die Spitze sehen.

„Das ist unglaublich, nicht wahr?", klingt fröhlich eine Stimme hinter mir.

Überrascht drehe ich mich um.

Ein Mann um die 30, mit langen, lockigen Haaren schaut mich an und lächelt.

„Wissen Sie, wie viele Jahre man gebraucht hat, um ihn zu bauen?", fragt er mich.

„Ja", erwidere ich stolz, „ein paar Monate habe ich in Köln gewohnt."

„Und ich bin zum ersten Mal hier." Das Gesicht des jungen Mannes sieht plötzlich kindlich aus. „Touristischer Ausflug!", fügt er hinzu.

„Und sicherlich kennen sie auch das Hotel *X*", rutschen meine Wörter von allein raus.

„Natürlich!", staunt der Fremde. „Ich habe da übernachtet."

Ich erlebe ganz intensiv diesen Augenblick der puren Magie. Und der Freude.

Schnell mache ich mich auf den Weg.

Vor dem Hotel fühle ich mich beunruhigt. Mir wird bewusst, dass ich mich diesmal nicht hinter Kathrin oder Jimmy verstecken kann. Noch Alfons oder Priscilla vor mich schieben kann.

Diesmal stehe ich hier ganz allein. Außerdem war der Termin um zehn Uhr und ich bin schrecklich spät dran.

Ich gehe rein und melde mich an der Rezeption.

Eine perfekt geschminkte, junge Frau, mit langen, dunklen Haaren lächelt mich nett an.

„Ich habe einen Termin mit Frau Dorandt", sage ich unsicher.

„Ach, das Inseltreffen. Erster Stock, *Bel Etage* Saal", die junge Frau zeigt auf eine Treppe hinter mir.

„Insel ... treffen?" *Was mag das bedeuten?*

Ich steige die Stufen hinauf, die unter einem roten Teppich versteckt sind.

Der Saal *Bel Etage* ist durch eine Glaswand vom Flur getrennt. Von draußen kann ich Leute sehen. Viele. Mindestens dreißig Personen. Die Stühle, worauf sie sitzen, bilden einen Kreis.

Oh nein, das ist bestimmt Gruppentherapie.

Das hatte ich nicht erwartet.

Was mache ich jetzt? Und was sage ich, wenn ich reingehe?

Zu spät.

Ich bin auch von innen sichtbar.

Unsicher, mache ich die Tür auf …

… und fühle mich überrumpelt.

Ein ekelhafter Geruch durchdringt den Saal und der Anblick ist genauso abstoßend.

Auf meiner linken Seite, nahe der Tür, steht – wie verlassen – ein Behinderten-Rollstuhl.

Dahinter, auf einem Tisch neben der Wand, liegen unordentlich zwei oder drei paar Krücken.

Auf meiner rechten Seite sitzt ein Mann auf einem Rollstuhl.

Um Himmels Willen! Wo bin ich jetzt gelandet?

Ich will mich umdrehen und wegrennen.

Ich hasse Krankheiten! Ich hasse unheilbare Krankheiten!

In diesem Augenblick bemerke ich den leeren Stuhl neben dem Eingang. Das bremst mich.

Der Saal ist überfüllt und dieser elegante, rote Stuhl steht frei da.

Für mich?

Es sieht so aus, als ob ich erwartet würde.

Neben dem leeren Platz sitzt eine Frau um die 40, die mir einen unaufmerksamen Blick zuwirft.

Sie trägt auch eine dunkle Hose und einen orangenen Pullover, wie ich. Sie hat auch rote Haare und helle Augen. Ich habe die Idee, sie könnte meine Schwester sein.

Oh Schreck!

Die ganze Szene spielt sich innerhalb weniger Sekunden ab.

Der leere Stuhl überredet mich. Ich bleibe.

Na ja, nur fünf Minuten, dann weiß ich worum es geht.

Alles in allem bin ich nicht zufällig hier.

Ich ziehe den Mantel aus, verstecke den Regenschirm unter dem Tisch und setze mich hin.

Mein Erscheinen ist vollkommen unbeobachtet verlaufen.

Das scheint mir ein gutes Zeichen, für meine baldige Flucht.

Merkwürdig!

Sobald ich sitze, verliert der ekelhafte Geruch seine Intensität.

Was ich jetzt wahrnehme, ist die ausgesprochen geladene Atmosphäre, die den *Bel Etage* Saal durchquert. Ich schaue mich noch mal um.

Die Menschen hier sehen sehr unruhig aus. Manchen schwingen den Kopf. Einige schaukeln den Oberkörper nach vorne und nach hinten. Andere bringen ihre Hand an die Brust und atmen laut. Einige sitzen unbeweglich, wie hypnotisiert von der Vorstellung, die sich im Kreis abspielt.

Der Kreis wird von der klaren, lauten Stimme einer blonden Frau animiert.

Sie scheint mir sehr von ihren eigenen Worten eingenommen, während sie immer wieder die Hand auf ihr Bein schlägt. Wie eine Mutter, die für das zigste Mal ihren Kindern wiederholt, wie sie sich benehmen sollen. Trotz des energischen Tons, verrät ihre Stimme weder Verdruss noch Vorwurf.

Ich setze meine Brille auf – und sobald die Szene scharf ist – stelle ich mich auf die Stimme der blonden Dame ein.

Zweifellos Frau Dorandt.

„Euch ist nicht bewusst, wie laut eure Zellen schreien und weinen!", vibrieren kristallklar ihre Worte im Saal. „Sonst würdet ihr hier nicht wie betäubt sitzen."

Komische Therapeutin. Sie ist überhaupt nicht nett.

„Schau dich mal an, Peter!"

Frau Dorandt steht auf und wendet sich an den Mann im Rollstuhl, den ich, beim Reinkommen, bemerkt habe.

„Du bleibst lieber weiter auf deinem Rollstuhl sitzen und lässt zu, dass die gesamte Welt ihr Mitleid auf dich auskotzt."

Oh Gott. Jetzt gibt's Ärger.

Nein. Es gibt überhaupt keinen Ärger. Was ich höre, ist die traurige Stimme von Peter. „Ja, ich weiß", sagt er.

Wie? „Ja, ich weiß es?"

Diese Frau beleidigt ihn gerade, beschuldigt ihn sogar seiner Behinderung. Das ist nicht zu fassen. Warum schickt Peter sie nicht direkt zum Teufel?

Ich schaue mich um.

Keiner der Anwesenden scheint über diese Worte empört zu sein.

Bin ich im falschen Film? Oder dreht sich die Welt hier ganz anders?

Die Szene geht weiter.

Frau Dorandt spornt jetzt die Anwesenden an: „Steht auf, und kotzt euer Mitleid auf ihn aus!"

Bitte? Was passiert jetzt?

Mein Atem bleibt still. Ich lehne mich fassungslos nach vorne. So was habe ich noch nie erlebt.

Sechs oder sieben Leute stehen auf und bilden eine Reihe vor Peter, der mittlerweile in die Mitte des Kreises gerollt ist.

„Peter!", fängt eine junge Frau mit dunklen Haaren an. Die erste in der Reihe: „Aber ich helfe dir doch!", setzt sie mit einem scheinbar netten Ton fort, und klopft ihm auf die Schultern.

„Ich helfe dir doch!", antwortet Peter und streckt seinen Arm nach vorne.

Als ob er der Gesprächpartnerin ihren eigenen Satz zurückgeben würde.

„Oh, Peter. Du weißt nicht, wie es mir Leid tut, dich in diesem Zustand zu sehen!", lautet der traurige Kommentar einer blonden, sehr eleganten Frau. „Du weißt nicht, wie es mir Leid tut, dich in diesem Zustand zu sehen!", antwortet Peter und gibt damit der eleganten Frau ihre eigenen Worte, mit derselben Handbewegung, zurück.

???

Die improvisierenden „Schauspieler" kommen einer nach dem anderen an die Reihe.

„Peter, ich habe von neuen Therapien gehört, die dir helfen können!"

„Ich habe von neuen Therapien gehört, die dir helfen können!", wiederholt Peter.

„Peter, egal was mit dir geschehen ist, habe ich dich lieb!"

„Egal was mit dir geschehen ist, habe ich dich lieb!", wiederholt Peter.

„Peter, du bist immer der Beste gewesen. Du wirst es doch schaffen!"

„Du bist immer der Beste gewesen. Du wirst es doch schaffen!", wiederholt Peter.

Jeder Satz ist mit einem Klaps auf Peters Schulter oder auf seinen Arm begleitet.

Und was macht Peter?

Er gibt einfach jeden Kommentar mit den gleichen Worten und Handbewegungen an die Person an der Reihe zurück.

Wie ein Echo.

Ich sitze fassungslos auf meinem Stuhl. Und kann an nichts denken.

Langsam spüre ich Ärger. Ja, ich spüre einen wachsenden Ärger in mir.

Die improvisierenden „Schauspieler" zeigen Peter ihr Mitleid. Allerdings verbergen diese freundlichen Sätze eine klare Verachtung.

Ist das nur ein Spielchen?
Oder ist das die Wahrheit?

Mittlerweile haben die „Schauspieler" den *armen* Peter umkreist und, im Chor, wiederholt jeder von ihnen seinen jeweiligen Satz unendlich weiter.

Die netten Klapse sind Schläge geworden – heftige Schläge –, die mit Wut auf Peters Arme, Schultern und Rücke niedergehen.

Es ist ein steigendes Crescendo.

Mein Ärger vermischt sich mit dem Gefühl der Ohnmacht.

Diese starke Emotion lässt meinen Körper zittern.

Wie können sie nur so grausam sein? Und warum unterbricht keiner dieses brutale Spiel?

Ich spüre jetzt Tränen auf meinem Gesicht, während – im Kreis – die Stimmen lauter und die Schläge gewalttätiger geworden sind.

Ich bin in meiner Emotion so ohnmächtig, dass ich nur wahrnehme, wie sich der Rollstuhl hin und her bewegt. Als ob darauf eine Puppe sitzen würde.

Hört auf, hört endlich auf. Schreit mein stummer Mund.

Als die Gewalt ihre Spitze erreicht hat, erhebt sich Peters Stimme über die der anderen.

„BREAK!", schreit er.

Bei diesem Wort, halten alle „Schauspieler" automatisch an, bringen ihre Hand an die Brust – Peter auch – und mit geschlossenen Augen, atmen sie laut.

In der Zeit hat sich Frau Dorandt mitten in die Szene gebracht und legt jetzt liebevoll ihre Hände auf Peters Schultern. „Peter, welche Farbe nimmst du?" „Rot", antwortet er mit geschlossenen Augen.

Und atmet laut weiter.

Ich kneife mich in die Arme.

Doch träume ich nicht.

Was habe ich gerade erlebt?

Erstens die scheinbare Freundlichkeit. Dann die Schläge. Und jetzt diese liebevolle Szene. Und Farbe atmen.

Ist das eine neue Art Therapie?

Ich beobachte die Reaktion der „Anderen".

Die „Zuschauer", wie ich, sind noch nach vorne gelehnt und haben, wegen der starken Emotionen, noch leuchtende Augen. Die anderen, die nicht an der gewalttätigen Szene teilgenommen haben, sitzen weiter auf ihren Stühlen.

Manche halten ihre Augen geschlossen und atmen laut. Andere sitzen ruhig, als ob sie schon mit einem solchen Spektakel vertraut wären.

Diese gewalttätige, liebevolle Szene hat mich gerüttelt. Wie ein stürmischer Wind. Jetzt sind meine Gedanken weggeflohen.

Einige Minuten später setzen sich die improvisierenden „Schauspieler" wieder und Peter rollt den Rollstuhl an seinen Platz. Aus seinem erröteten Gesicht strahlt Frieden. Als ob er sich von einem schweren Gewicht befreit hätte.

Das verwirrt mich noch mehr.

Frau Dorandt – jetzt die einzige Hauptdarstellerin im Kreis – kommentiert: „Das ist die Auswirkung der Mitleidgefühle, die wir jeden Tag für andere empfinden."

Dann nähert sie sich mir: „Na, wie erleben Sie die bewusste Realität? Ist sie nicht brutal?"

Ich bleibe sprachlos.

Frau Dorandt ist eine große, imposante Frau um die Fünfzig. Ihre blonden Haare sind in einen Knoten gelegt. Und sie trägt eine enge, braune Lederhose.

Was mich am meisten beeindruckt sind ihre hellblauen, tiefen Augen. Sie strahlen ein unwiderstehliches Charisma aus.

In der Sekunde, wo sie mich anschaut, kann ich kaum ihren Blick ertragen.

Ich habe den Eindruck, sie schaut nach innen. Und ich habe keinen Platz mehr, wo ich mich verstecken kann.

Allerdings geschieht HIER alles so schnell.

Frau Dorandt steht erneut mitten im Kreis: „Ist das klar jetzt? Peter, spürst du es jetzt, wie keiner mehr an dich glaubt?"

Dann wendet sie sich an alle Anwesenden: „Peter wird nicht länger als Person, als hundertprozentiger Mensch, gesehen. Jetzt ist Peter für seine Familie und für seine Freunde nur ein Behinderter. Und jeder fühlt das Recht, sein Mitleid auf ihn zu kotzen."

Das ist verrückt, aber in diesen harten Wörtern, spüre ich eine Art unendlicher Liebe.

Beim Hereinkommen habe auch ich in Peter nur den armen Kerl im Rollstuhl gesehen.

„Das Mitleid oder die Verachtung, die jeder für Peter fühlt, kommt nicht von Peter. Sondern von mir selbst."

Von mir selbst? Und wie?

„Peter macht mir nur die Angst und die Beklemmung bewusst, die bereits in mir sind. Er macht mir meine eigene Behinderung bewusst." Die Augen von Frau Dorandt bewegen sich im Kreis. „In der Tat existiert der Mann im Rollstuhl gar nicht. Was existiert, ist meine Emotion. Ich werde mir der Emotion bewusst, indem ich den Behinderten treffe. Sonst würde ich ihn nicht treffen. Oder ihn gar nicht bemerken."

Ich höre die Worte und staune.

Diese neue und absurde Denkweise klingt mir so logisch. Und so klar.

Frau Dorandt erreicht eine weiße Tafel, die in einer Ecke neben dem Fenster steht.

Sie malt mit einem Filzstift einen Kreis darauf. „Das ist eine intakte, vollkommene Zelle. Eine reine Lichtfrequenz. Eine Zelle, die noch keine Programme gespeichert hat. Das ist das wahre Ich. Das Ich, das erlebt was ist, in dem Augenblick, in dem es ist."

Dann zieht sie einige Linien im Kreis: „Und das sind die Programme", erklärt sie, und zeigt dabei die Flächen, die im Kreis entstanden sind. „Hier steht der gute Vater, hier der schlechte Anleger, hier der Behinderte, hier die Raucherin, hier die Karrierefrau und, und, und …"

Der bemalte Kreis wird weiter mit Linien durchgestrichen, bis nichts mehr erkennbar ist.

Nur eine schwarze Masse.

„Und so sehen heute unsere Zellen aus. Entfremdet von Millionen von Programmen, die wir im Laufe der Evolution gespeichert haben. Zellen, die jeden Augenblick schreien und weinen."

Der Saal ist in einer irrealen Ruhe versunken.

„Wir sind alle so programmiert", setzt die faszinierende Frau fort, „so manipuliert und so abhängig, jede Sekunde unserer Existenz. Kein Wunder, dass der einzige Ausgang der Tod ist."
Der Tod als Notausgang. Das ist auch ein völlig neuer Begriff.
„Der echte Ausgang", setzt die kristallklare Stimme fort, „ist, meine Emotion erleben und klären. Jetzt. In diesem Moment. Im Augenblick, in dem ich sie spüre."
Frau Dorandt schaut den Anwesenden weiterhin in die Augen.
„Warum treffe ich jeden Tag Menschen und erlebe bestimmte Situationen? Weil ich mit ihnen in Resonanz komme. Das ist der Grund. Jeden Tag projiziere ich mein Unterbewusstsein nach draußen und komme in Resonanz mit den Emotionen, die bereits in mir sind. Nur so kann ich meine Emotionen bewusst erleben und klären."
Jetzt erinnere ich mich an einen Satz, den ich in einem Buch über die Bates-Methode gelesen und nie so richtig verstanden habe: „Wir sehen, was wir sind."

Meine Gedanken werden aber schnell unterbrochen, denn die „Show" geht weiter.
Es kommen andere „Opfer" an die Reihe.
Schöne, junge Frauen und kranke Menschen. Erfolgreiche Personen und „Versager".
In den nächsten Stunden werden viele Emotionen ans Licht gebracht.
Hier ist angeblich kein Gefühl verboten.
Ich sehe Liebesbeziehungen, in denen ein tiefer Hass gegen den Partner verborgen wird.

Ich merke wie Krankheiten als Waffe gegen die Familie ausgenutzt werden.

Ich erlebe den täglichen Arbeitskrieg zwischen Kollegen, hinter dem sich die Unsicherheit der Menschen versteckt.

Jede Emotion wird durch improvisierende „Schauspieler" aus dem Kreis verstärkt. Das „Break" und das Farbeneinatmen klären angeblich die Emotion.

Das Lebensdrama spielt sich in so wenig Zeit vor meinen Augen ab.

Die Gefühle, die auf die Szene gebracht werden, sind fast immer dieselben, die ich auch spüre.

Die ich in mir immer gespürt habe. Die ich aber nie gezeigt habe.

Warum denn?

Weil man negative Emotionen nicht herauskommen lassen darf. Das ist unpassend. Und peinlich. Und kindisch. Ich habe mich immer geweigert, mein wahres Ich zu zeigen.

Davor habe ich mich geschämt.

Hätte ich meinen Ärger, meinen Neid, meine Angst, meine Rachlust …, hätte ich das gezeigt, hätte ich alle verloren …, oder doch nicht?

Ich habe nie gewusst, dass die „Anderen" auch so was erleben.

Und jetzt, hier, in diesem Saal sind wir alle gleich. Alle spüren dieselben Emotionen.

Ich bin doch nicht so besonders. Ich bin doch nicht so anders, als die „Anderen".

Ich fühle mich so verwirrt und gleichzeitig so erleichtert …

… bis sich die Szene abspielt, in der ich meine größte Illusion fallen lasse.

Es ist schon Nachmittag.

Eine Frau um die 70 steht auf.

Sie ist klein und dünn. Sie strahlt eine ruhige Verzweiflung aus.

Ihre Augen sind hinter einer Brille verschlossen.

Die ältere Dame trägt einen hellblauen Faltenrock und eine geblümte Bluse derselben Farbe. Diese Kleidung lässt sie jünger aussehen. Eigentlich sieht sie wie ein Mädchen aus.

Ich spüre Schauder im Rücken.

Als ob ich ahnen würde, was gleich kommt.

Die Frau geht in die Mitte des Kreises. Sie sagt, sie heißt Elisabeth.

Die große Frau Dorandt steht jetzt hinter ihr und legt ihre Hände auf die Schultern der kleinen Elisabeth.

Der Gegensatz zwischen dem Faltenrock und der Lederhose ist unerträglich.

Ich weiß, ich würde am liebsten direkt aufstehen und wegrennen.

Das tue ich aber nicht.

Frau Dorandt spricht: „Elisabeth ist 75 Jahre. Und hat Leukämie.“ Dann wendet sie sich an die ältere Dame: „Elisabeth, mit 75 Jahren kannst du ruhig sterben gehen.“

Ich spüre, wie mein Körper sich anspannt und sich nach vorne lehnt.

„Jedoch, Elisabeth, du bist auf die *Insel* gekommen, weil es etwas gibt, das du in diesem Leben noch klären willst.“

Frau Dorandt macht eine Pause.

„Elisabeth, sag uns, was es ist.“

Mein Gott.

Meine Beine sind ganz weich geworden. Meine Augen werden feucht.

Am liebsten würde ich meine Augen schließen und meine Ohren zumachen.

Das tue ich aber nicht.

„Ich will mein Leben klären.“ Elisabeths Stimme ist genauso dünn wie ihre Person.

„Elisabeth, geh tiefer und sag uns: welche ist deine Lebenslüge.“

„Meine Lebenslüge ist … , ich habe einen hinkenden Mann geheiratet, damit keine andere Frau ihn mir wegnehmen würde. Obwohl ich immer so gerne getanzt habe."

Brennende Tränen laufen auf meinem Gesicht.

„Elisabeth, geh' noch tiefer und sag uns: welche ist deine Lebenslüge?"

„Ich habe auf meine Arbeit als Schneiderin verzichtet, um eine gute Mutter für meine Kinder sein zu können."

Ich schluchze.

Frau Dorandt ist immer noch nicht zufrieden.

„Elisabeth, geh' noch tiefer. Welche ist deine Lebenslüge?"

„Meine Lebenslüge ist …, ich habe mein Leben vorbeiziehen lassen", flüstert die Frau.

„Elisabeth, sprich lauter!" „Ich habe mein Leben nicht gelebt."

„Ich habe mein Leben nicht gelebt!", schreit Elisabeth und wiederholt den Satz, noch einmal.

Und noch einmal.

Und noch weiter …

Bis sie in Tränen ausbricht.

Bis sie sich auf den Boden fallen lässt.

Ich folge der Szene nicht mehr.

Ich höre nur meine Schluchzer.

Ich höre nur meine Stimme.

„Ich habe mein Leben nicht gelebt!"

Dieser Satz enthüllt meine größte Illusion.

Und sprengt die Säule, auf die ich meine Existenz gebaut habe.

Die Familie, Mamma, Babbo, Luca, Marco …, alle verschwinden.

Die Arbeit, die Unsicherheit, die Erwartungen …, alles flieht.

Meine Leere, meine Einsamkeit, meine Traurigkeit …, nichts ist mehr da.

Die Suche nach dem Sinn des Lebens verliert ihren Zweck.

Alles wird in diesem Augenblick weggefegt.

In dem Augenblick, in dem ich meine Lebenslüge erkenne.

Dieselbe Lebenslüge wie Elisabeths.

„Ich habe mein Leben nicht gelebt."

Ich lebe MEIN Leben nicht!

Jetzt fällt mir ein Satz von Thoreau ein, den ich das erste Mal mit 17 gelesen habe. Und von dem ich so beeindruckt war.

„Mein Gott, bis an den Rand des Todes gekommen zu sein, ohne je gelebt zu haben."

Mein Gott, bis an den Rand des Todes gekommen zu sein, ohne je gelebt zu haben.

Jetzt weiß ich, was ich gesucht habe.

Jetzt weiß ich, was ich das ganze Leben gesucht habe.

Ich habe mir eingebildet, dass ich meinem Leben einen Sinn geben will. Durch die Familie, den Beruf, die Liebe, das Geld, die Sicherheit, die Anerkennung …, dadurch wollte ich meinem Leben einen Sinn geben.

Das war nur die Fassade. Hinter dem „*Sinn des Lebens*" hatte ich mich versteckt.

Ich lebe mein Leben nicht.

Das ist die Wahrheit. So einfach.

Ich weine, und schluchze.

Ich weiß nicht mehr, was um mich herum geschieht.

Langsam beruhige ich mich und nehme den Saal wieder wahr.

Elisabeth sitzt jetzt auf ihrem Platz und atmet laut eine Farbe. Ich weiß nicht welche. Es ist auch nicht wichtig.

„Was ist denn so schwierig?"

Jetzt steht Frau Dorandt allein im Kreis.

„Was ist denn so schrecklich, wenn ich mich zeige, wie ich bin?"

Alle Augen der Anwesenden sind auf sie gerichtet.

„Was ist denn so schwierig, wenn ich aufstehe und der ganzen Welt sage: ich bin ein Mensch? Ich bin so, wie ich bin. Lohnt es sich wirklich das ganze Leiden?"

Die Anwesenden hören sich diese Worte sprachlos an.

Ich blicke schnell durch den Saal.

Alle wissen, dass Frau Dorandt die Wahrheit sagt. Alle wissen, wie anstrengend es ist, täglich eine Maske zu tragen.

Am Ende des Treffens nähere ich mich Frau Dorandt und stelle mich vor.

Ihr Blick ist so durchdringend, dass ich ihn kaum aushalte.

Ich will sie nach Informationen fragen, nach Erklärungen.

Meine Stimme bleibt stumm.

Sie spricht mit mir: „Wollen Sie auf die *Insel* kommen und an der Lebensschule teilnehmen?"

Ja, aber wann, und wo, und wie?

„Auf Mallorca. In zwei Wochen. Der Kurs dauert vier Tage."

Aber …, aber …, aber … Ich fühle mich in Panik versetzt.

Ich muss doch den Flug buchen.

Wer wird sich um Luca kümmern?

Und wie zahle ich die Kosten?

Ich kann mich nicht in so kurzer Zeit organisieren …

„Wenn Sie mitkommen wollen, rufen Sie mich Morgen für die Details an."

Ich möchte sie noch mehr fragen.

Aber die Frau hat sich bereits umgedreht und spricht mit einer anderen Person.

Es ist ihr anscheinend egal, ob ich an ihrem Kurs teilnehme oder nicht.

Ich verlasse das Hotel spät am Nachmittag.

Draußen fegt ein kräftiger Wind alle Wolken weg.

Auf der Straße spüre ich einen leeren Kopf. Mein Körper ist wie von elektrischen Schlägen durchzogen.

Meine einzige Sicherheit ist, dass ich gefunden habe, was ich suchte.

Nicht den Sinn des Lebens. Sondern *mein* Leben.

Nicht mich finden. Sondern mein wahres Ich erleben.

Ich erreiche den Bahnhof.
   Ich will nach Hause.
   Der Zug ist voll und mit Mühe finde ich einen Sitzplatz.
   Ich fühle mich allein unter so vielen Leuten.
   Die Stimmen und die Geräusche erreichen mich wie durch Watte.
Die Figuren um mich drehen sich ausgesprochen langsam.
   Ich schaue aus dem Fenster. Der Himmel ist schon dunkel.
   Ich schließe meine Augen und höre noch einmal Thoreaus Satz.
   Mein Gott, bis an den Rand des Todes gekommen zu sein, ohne je gelebt zu haben.

Als der Zug sich bewegt, öffne ich meine Augen wieder.

Das Schlafzimmer ist in Dunkelheit versunken. Draußen auf der Straße leuchten die Laternen.
   Ich bin wieder in meinem Haus in Bonn.
   Die Wahrheit, die ich in Köln erlebt habe, ist ernüchternd.
   Wie ein Zimmer. Egal wie viele Möbel und Bilder, bunte Gardinen und Teppiche das Zimmer schmücken, bleibt ein Zimmer was es ist: vier Wände.
   Ich lebe mein Leben nicht!
   Und wie geht's meinem Leben denn?

Ich stehe auf und stelle die letzte leere Ampulle in das Messingkästchen zurück.
   Ich höre meine Stimme, die flüstert: „Wieso konnte ich es nicht früher erkennen?"

Jetzt reise ich …

… ohne Zauberfilter.

„Bist du dir sicher? Willst du wirklich reisen?" Marco nimmt meine Hände in seine und schaut mir lange in die Augen.

Sein Blick ist traurig.

„Ja" klingt meine Stimme ruhig „jetzt habe ich gefunden, was ich gesucht habe. Ich kann diese Reise nicht vermeiden, und das weißt du auch."

Ich sehe mich als eine Seiltänzerin ohne Sicherheitsnetz. Und trotzdem habe ich mich nie so entschlossen gefühlt.

Ich spule die Erinnerungen der letzten zwei Wochen, nach der fünften Reise, immer wieder durch. Ich erlebe erneut alle Gedanken, die zwischen hoch und tief gependelt sind und fühle mich wie auf einer Schaukel.

Hoch und runter.

Am Tag nach meinem Abenteuer in Köln, rufe ich Frau Dorandt an.

Sie ist von meinem Anruf gar nicht überrascht. Als ob sie sich an mich erinnern würde.

Sie bestätigt mir, dass das Lebensseminar zwei Wochen später auf Mallorca stattfindet.

„Den Rest werden Sie auf der Insel erleben. Das ist eine unauslöschbare Erfahrung", sagt sie und verabschiedet sich.

Auch Ines ist gar nicht über meine letzte Reise überrascht.

„Es ist Zeit, dass du bewusst in dich reist", sagt sie mir am Telefon.

Die größte Hürde für mich ist Marco.

Ich erzähle ihm von der unglaublichen Reise nach Köln.

„Ich kann es nicht erklären, ich wurde von dem Zaubertrank irgendwie ferntransportiert."

Marco ist von meinem Bericht verblüfft und tief beeindruckt. Allerdings ist er mit meiner Entscheidung gar nicht einverstanden.

Seine Wörter klingen sehr vernünftig „Und wenn das nur eine Mirage ist? Und wie lange sollst du weg bleiben? Und wer soll die ganzen Kosten bezahlen?"

Viele unausgesprochene Gefühle und Ängste tauchen dabei auf.

Die Wahrheit tut weh. Und wie!

Vor allem die Angst, dass die Wahrheit uns trennen kann.

„Jetzt muss ich auf den Grund gehen, Marco", lächele ich traurig, während mein Herz wie verrückt klopft.

„Ich habe nur Angst, dich zu verlieren", flüstert er mit gebrochener Stimme.

Wir umarmen uns. Wir wissen beide, es gibt nichts mehr zu sagen.

Heute ist ein kalter, nebeliger Dezembervormittag.

Mein Koffer steht neben dem Eingang.

Mir ist es schwindelig und ich muss andauernd Luft holen.

„Wann kommst du wieder Mami?", beschuldigt mich mein Sohn, während ich hinausgehe.

„Bald", antworte ich und schließe die Tür hinter mir.

Schuldig fühle ich mich wirklich.

Nach so vielen Jahren stelle ich mein Leben wieder an die erste Stelle.

Am Flughafen fällt mir eine blonde Frau auf, die mir bekannt vorkommt.

Vielleicht habe ich sie in Köln vor zwei Wochen getroffen.

Soll ich sie ansprechen?

Nein, doch lieber nicht!

Der Flug ist kurz und angenehm.

Über den Wolken, fühle ich mich leicht und hier oben verführt mich die Idee, dass ich vier Tage alleine verbringen werde. Weg von der Routine, weg von der Familie und weg von den täglichen Pflichten.

Das Flugzeug landet auf Palma de Mallorca kurz nach Mittag.

Nachdem ich meinen Koffer geholt habe, wende ich mich an die Information.

Und da, in der Schlange vor dem Schalter, sehe ich einen jungen Mann. Er ist Mitte Zwanzig und trägt einen enormen Hut, der ihm den Kopf und die Stirn bedeckt. Ich sehe wunderschöne meeresblaue Augen, die auf einem auffällig bleichen Gesicht schwimmen.

Der klassische, unheilbar Kranke, der an dem Lebensseminar teilnimmt.

Das ist die Idee, die wie ein Blitz durch meinen Kopf geht.

Und das stimmt auch.

Der junge Mann stellt sich vor. Er heißt Daniel. Die Ärzte haben ihm tatsächlich sechs Monate Leben diagnostiziert.

Wir reden weiter und teilen das Taxi, das uns ins Hotel fährt.

Während der Taxifahrer durch die Straßen saust, genieße ich die Sicht auf die Boote am Hafen, die Palmen auf den Alleen und die Kathedrale auf einem Felsen.

Die Luft ist warm und der Meeresduft unwiderstehlich.

Ein Freiheitsgefühl durchquert meinen Körper.

Das „Valparaiso" ist ein wunderschönes Fünf-Sterne-Hotel mit Tennisplätzen, Fitnesszentrum, Hallenbad und Sauna.

Die allgegenwärtigen, roten Teppiche und die eleganten Hoteldiener lassen mich zweifeln, dass ich am richtigen Ort angekommen bin.

Hier stimmt etwas nicht.

Ich fliege nach Mallorca und nehme an einem Seminar teil, das auch in Deutschland stattfinden könnte. Und außerdem in einem luxuriösen Hotel.

Warum so viel Geldverschwendung?

In dem Augenblick ist mir nicht bewusst, an welcher Stelle das Geld auf meiner Werteliste steht. Und an welcher Stelle ich stehe.

Nachdem ich mein Gepäck ins Zimmer gebracht habe, gehe ich nach unten in die Empfangshalle. Hier treffe ich Daniel wieder und lerne Chrystel kennen.

Chrystel ist die blonde Frau, die ich am Flughafen bemerkt habe.

Mit den zwei neuen Bekannten mache ich einen Spaziergang in die Stadt.

Chrystel ist die typische Geschäftsfrau, Mitte 40, extrovertiert und selbstsicher. Sie redet sehr viel und sehr schnell. In wenigen Minuten hat sie bereits die Schwerpunkte ihres Lebens erzählt.

Chrystel ist schon seit langem auf der Suche nach ihrem Leben. Sie kennt sich mit Esoterik und Psychotherapie ausgesprochen gut aus. Und hat an vielen Seminaren und Veranstaltungen teilgenommen. Allerdings hat sie *ihr* Leben noch nicht gefunden.

Daniel ist ein fröhlicher, junger Mann, mit einer positiven Lebenseinstellung. Obwohl seine Krankheit im letzten Stadium ist.

Daniel ist viel gereist und erzählt die viele Abenteuer seiner jungen Existenz mit Begeisterung. Ich sehe in ihm eine Person, die sich sehr gut von seinem drohenden Schicksal trennen kann.

Für Daniel ist das Lebensseminar wirklich die letzte Rettungschance.

„Und aus welchem Grund bist du hier?", fragen mich meine zwei neuen Bekannten.

Sie sehen in mir eine schöne, junge Frau, mit einer gelungenen Liebesbeziehung, einem Sohn und einem interessanten Job.

Was kann mich noch mehr erfüllen?

Ich erinnere mich an Elisabeths Wörter und gestehe die Wahrheit:

„Ich lebe mein Leben nicht. Mir fehlt mein Leben."

Ich will wissen, wie Leben funktioniert. Ich suche das Handbuch mit den Gebrauchsanweisungen.

An dem Abend ist das Dinner für 19.30 Uhr vorgesehen.

Pünktlich trete ich in einen riesigen Speisesaal ein.

In der Mitte steht eine Küche, in der der Chefkoch die Gerichte direkt vorbereitet. Während ich den Saal durchquere, fühle ich mich eingeschüchtert. Ein Aschenputtel im Königspalast. Unpassend.

In einer Ecke sehe ich den reservierten Tisch für die Seminarteilnehmer.

Ein elegantes Ehepaar um die Sechzig sitzt bereits da. Sie begrüßen mich mit distanzierter Höflichkeit.

Die anderen Gäste kommen nach und nach, setzen sich und schauen sich neugierig und verlegen an.

Aus welchem Grund sind die „Anderen" hierher gekommen?

Es ist eine bunte Gesellschaft: Hausfrauen sitzen neben Karrierefrauen, Alte neben Jungen. Schöne neben Kranken. Jeder sucht das Leben. Jeder sucht sich.

Eine halbe Stunde später tritt Frau Dorandt ein.

Alle schweigen einen Augenblick.

Die blonde Dame macht die Tischrunde und stellt sich bei jedem vor, während sie ihre Hand ausstreckt: „Ich bin Elisa Dorandt". Ihr Handdruck ist angenehm, ihr Lächeln breit und ihre Augen durchdringend.

Wie in Köln spüre ich einen elektrischen Schlag, als sie mich berührt.

Beim Nachtisch duzen wir uns alle.

Wir sind etwa fünfzehn Personen am Tisch und die Konversation verläuft fröhlich.

Elisa Dorandt ist eine brillante und ehrliche Person. So ehrlich, dass sie weh tut. Sie lacht viel und scherzt mit allen und über alles.

Oder hört es sich nur so an?

„Krebs ist eine geniale Krankheit", lacht sie laut, während die Anwesenden stumm zusammenzucken.

Scheinbar kümmert sie das nicht und sie setzt fort: „Was Krebs ist, weiß keiner. Welches sind seine Ursachen? Wie wird er geheilt? Keiner weiß es wirklich."

Sie schaut ihren Gesprächspartnern in die Augen. „Krebs deckt das

Spiel auf und lässt erkennen, dass ein System außer Betrieb ist. Das ist der letzte, verzweifelte Versuch der Zellen. Ihre letzte Chance, um sich von der Übermacht des Sicherheitssystems *Gehirn* zu befreien."

Die Zuhörer folgen fasziniert und gereizt Elisas Wörter.

Manche sitzen hier, weil sie sich von ihren Metastasen befreien möchten.

Und die restlichen Anwesenden – wie ich – haben so eine Angst vor Krebs, dass sie nichts darüber hören wollen.

„Die Wahrheit ist", setzt Frau Dorandt fort, „dass derjenige, der eine so genannte *unheilbare* Krankheit hat, die ganze Welt in Schach hält. Er darf sich alles erlauben. Er hat eine Art diplomatische Immunität."

Ich spüre ihre andauernde Provokation. Ahne aber noch nicht, dass es nur der Anfang ist.

Am nächsten Tag treffen wir uns um halb neun in einem kleinen Saal im Untergeschoss.

Die Stühle bilden bereits einen Kreis.

Meine Abenteuerkameraden und ich nehmen Platz und schauen uns perplex an.

Was wird jetzt passieren?

Meine Gedanken drehen sich wieder um Geldverschwendung.

Ich komme nach Mallorca, übernachte in einem Fünf-Sterne-Hotel und muss die ganze Zeit im Keller sitzen?

In diesem Moment tritt Frau Dorandt in den kleinen Seminarraum und setzt sich.

Sie spricht direkt über die Menschenzellen:

„Der Mensch ist eine Zellengesamtheit: unser Körper enthält etwa hundert Billionen Zellen."

Sie macht eine Pause.

„Hundert Billionen", wiederholt sie, als ob sie selber von dieser Nachricht überrascht wäre. „Hundert Billionen ist eine kaum vorstellbare Zahl. Ihr könnt eure Zellen gar nicht zählen. Da würdet ihr Tausende von Jahren brauchen."

Oh, ich hatte meinen Körper noch nicht unter dieser Perspektive gesehen.

„Jede Zelle – oder besser jeder Zellkern – enthält Informationen und kommuniziert mit den anderen Zellen. Auf diese Art entsteht ein ständiger Kommunikationsaustausch."

Ich nicke und erinnere mich an die Konversation zwischen Erwin Schrödinger und Jimmy in Dublin.

„Aber im Ursprung war alles, auch die menschliche Schöpfungskraft, in einer Zelle enthalten."

Was?

Das steht nicht in wissenschaftlichen Büchern.

Elisa setzt fort und erzählt uns „ihre" Geschichte der Evolution.

„Gott schuf den Menschen nach seinem Abbild. Das heißt: Adam war eins und direkt mit Gott verbunden." Elisa nimmt Daniels Hand, der auf ihrer rechten Seite sitzt. „Von Adam wurde dann Eva geschaffen. So entstand die erste Teilung, der erste Riss."

Im Seminarraum herrscht jetzt eine irreale Ruhe.

Elisa sagt Daniel, er solle Sabines Hand nehmen, die an seiner rechten Seite sitzt.

„Eva", geht Elisa weiter, und ignoriert dabei die skeptischen Blicke der Anwesenden, „aß die Frucht des Baumes vom Guten und Bösen. Damit fing es an. Der Mensch trennte seitdem Gut von Böse. Die zwei Pole derselben Realität. Eva gebärt dann Kain und Abel. Die nächste Trennung."

Sabine nimmt die Hand von Chrystel.

„Diese zweite Teilung brachte bereits den ersten Mord. Und bei jeder neuen Generation kam eine weitere Zellteilung."

Chrystel nimmt Beates Hand. Beate die Hand von Norbert und so weiter.

Wir bilden jetzt eine Menschenkette, die bei Elisas linker Hand endet.

Was im Laufe der Evolution passiert ist, ähnelt einem zertrümmerten Spiegel, wobei die Trümmerzahl exponentiell mit jeder neuer Generation steigt.

Die Entstehung der Zweipoligkeit entspricht der Machtübernahme des Gehirns.

Das Gehirn denkt und trennt dabei, was im Ursprung einpolig war: Gut von böse, schön von hässlich, intelligent von dumm, arm von reich.

Die Menschen nehmen nicht mehr ihre Schöpfungskraft wahr. Hingegen identifizieren sie sich mit den Spiegelscherben: der Geschäftsmann, die eifrige Mutter, der fleißige Schüler, die schlechte Köchin, der kranke Mann …

Diese Scherben sind die gespeicherten Programme in „unserer Datenbank".

Wenn der Mensch sich mit einem Programm identifiziert, vergisst er seinen Ursprung.

Er vergisst, dass er die Schöpfung ist.

Ich höre fasziniert Elisas Stimme: ihre Sätze klingen weder gezwungen noch manipuliert.

Sie erzählt Sachen, die ich bereits kenne. Die ich immer gekannt habe. Die ich aber erst jetzt wahrnehme.

„Im Augenblick, in dem ich mich mit einem Programm identifiziere, lebe ich entfremdet von mir selbst."

Wenn ich mich mit philosophischen Fragen beschäftige: wer bin ich, wohin gehe ich, woher komme ich, entferne ich mich vom Leben.

Ich kann nicht denken und gleichzeitig leben.

„Das Leben ist immer und nur im IST", lautet Elisas Botschaft.

Wenn ich mich mit der Vergangenheit beschäftige, mit dem „WAR" dann kommt der Riss, die Entfremdung, der Krieg. Krieg, auf Englisch, ist „war".

Im Saal wird jetzt geklagt.

Wir sitzen bereits seit zehn Minuten Hand in Hand. Unsere Arme sind beinahe eingeschlafen.

Elisa lacht: „Eure Zellen ertragen eure Schläfrigkeit seit Millionen Jahren!"

Dann setzt sie fort: „Wie kann ich mich mit meiner Schöpfungskraft wiedervereinigen? Ich kann nicht die Evolution rückwärts gehen." Elisa deutet mit dem Kopf auf die Menschenkette, die wir kreiert haben.

„Die Lösung ist: die Kette, die Hundert Billionen Zellen geschaffen hat, DURCHBRECHEN!"

Sie lässt ihre Arme fallen und ihre Hände sind wieder frei.

Wir ahmen sie nach.

Die Kette durchbrechen? Ist das alles? SO EINFACH?

Das glaube ich nicht. Das kann ich gar nicht glauben. Ich habe immer gedacht, dass ich mich anstrengen muss, um Resultate zu bekommen.

Elisa erzählt weiter und gleichzeitig provoziert sie uns. Sie weiß immer – so scheint es mir – was jeder von uns gerade denkt.

„Es ist wirklich sehr einfach. Jeden Augeblick erleben wir Emotionen. Auch wenn wir sie meistens gar nicht bewusst wahrnehmen. Schaut euch Ute an, jetzt."

Wir alle richten den Blick auf eine schöne, junge Frau um die 30, mit langen, schwarzen Haaren.

„Ute", fragt Elisa „was hast du gerade erlebt?"

Ute staunt. „Ich? Gar nichts. Ich habe gerade deine Worte gehört."

„Und du hast gar nicht wahrgenommen, dass du seit einigen Minuten deine Haare hinter das Ohr schiebst, und dass sie immer wieder nach vorne fallen?"

Ute lächelt verlegen. „Nein, das habe ich gar nicht registriert. Aber ich weiß, ich tue es häufig."

„Seht ihr? Das ist eine Emotion!", sagt Elisa. „Wenn Ute diese Emotion nicht klärt, wird sie eines Tages ihre Haare ganz kurz schneiden. Und sie wird nie wissen, warum sie es getan hat."

Wir schauen uns perplex an.

DAS IST EINE EMOTION?!

„Wir glauben immer, dass eine Emotion eine starke Reaktion auf ein dramatisches Ereignis ist. Othellos Zorn ist als Emotion klassifiziert. Aber dieses unbestimmte, unangenehme Gefühl, dass ich auf einer Party empfinde, wo ich keinen kenne, das wird nicht als Emotion gesehen."

Die Kleinigkeiten sind doch auch wichtig.

„Jede Emotion, die ich nicht offen zeige, ernährt mein Unterbewusstsein. Und trübt dabei meine Zellintelligenz. Bis die Zellen so voll mit emotionalem Müll geladen sind, dass sie das System sprengen. So entstehen Krankheiten, Lebenskrisen und Tod."

Die Beispiele sind täglich ausreichend: die unfreundliche Bedienung im Café, das ungezogene Kind am Tisch, der unerträgliche Kollege im Büro.

Und noch mehr: der Bus kommt spät, der Supermarkt hat gerade geschlossen, die Einkauftasche ist ausgerechnet mitten auf der Straße gerissen.

„Es kann passieren. Man muss geduldig sein. Du wirst dich doch nicht für so wenig aufregen. Denke positiv."

Scheinen die einzigen Heilmittel zu sein.

„Jede ungeklärte Emotion ist ein Bumerang, der mich jederzeit schlagen kann", kündigt Elisa ernsthaft an.

„Aber dann", wendet Daniel ein, „dann sollten die aggressiven Leute, oder diejenige, die sich andauernd beklagen, perfekt gesund sein!" „Nein!", lächelt Elisa „Die Menschen, die ihre Emotionen gegen die anderen ausnutzen und nicht für ihre Klärung nutzen, kommen nicht weiter. In der Tat kreieren sie dabei neue Bindungen. Neue Programme."

Eh, was sagt sie jetzt?

„Jede Erfahrung, die ich mache – egal ob banal oder dramatisch – ist kein Zufall. Sie geschieht nach dem Resonanzgesetz. Ich treffe, was mit mir in Resonanz kommt."

Das habe ich bereits in Köln gehört und wie vor zwei Wochen in Köln, fühle ich mich berührt, verwirrt und entführt von Elisas Worten.

In diesem Seminarraum im Keller, auf Mallorca, fühle ich mich daheim.

Ich fühle mich von den Armen der Wahrheit getragen.

Die Zeit vergeht schnell.

Jetzt ist Nachmittag, und wir haben noch kein Mittagessen gehabt.
Elisa gewährt uns eine kurze Pause: „Wir treffen uns wieder hier in einer halben Stunde."

In der Cafeteria bewege ich mich wie ein Zombie. Ich fühle mich in die „normale" Welt geschleudert. Allerdings erkenne ich, zum ersten Mal, die Vortäuschung der „Realität".
Das Rollenspiel zwischen Hoteldiener und Klienten ist jetzt offensichtlich. Genauso offensichtlich wie das Spiel zwischen Eltern und Kindern am Nachbartisch.
Alle spielen eine vorgegebene Rolle!
Um vier Uhr Nachmittag sitzen wir wieder alle im Seminarraum.
Ab jetzt sind wir dran.
Elisa provoziert und spornt jeden von uns an. Jeder soll seine Emotionen zeigen und erleben.
Was an diesem Nachmittag und am nächsten Tag geschieht ist unbeschreiblich.
Die Zeit verliert ihre übliche Sequenz. Wie ein Film beim Schnitt.
Die meisten von uns zeigen, was wir uns nie öffentlich getraut haben.
Wut, Ärger, Abhängigkeit, Unbehagen.
Wie in Köln ist auch hier jede Emotion erlaubt.

Ich erlebe sehr intensiv meine Lebenseinstellung: Zeit nehmen und Zeit verschwenden.
Mir wird jetzt bewusst, wie ich MICH und MEIN LEBEN immer beiseite gestellt habe.
Davor stehen immer Ziele, die ich UNBEDINGT erreichen soll, bevor ich endlich mit meinem Leben anfangen darf.

Zuerst die Universität.

Zuerst einen anständigen Job.

Zuerst eine Familie gründen.

Zuerst die Erwartung der „Anderen" erfüllen.

Eines Tages, DANN, werde ich Zeit haben, und ein Buch schreiben.

Eines Tages, DANN, werde ich Zeit haben, und Klavier spielen.

Eines Tages, DANN, werde ich Zeit haben, und die Reise nach Indien machen.

Für das erste Mal nehme ich meine Verzweifelung wahr und schreie sie laut heraus.

Am dritten Tag ist die emotionale Erfahrung der Zellen angesagt.

Dadurch kann ich „meine Datenbank" anschauen und sehen, was ich darin gespeichert habe. Und damit meine Lebenslüge erkennen.

Das ist der Grund, warum ich am Lebensseminar teilnehmen wollte.

Ich wollte endlich MICH anschauen.

Ich wollte endlich in mein tiefstes ICH reisen.

Und jetzt, da ich so weit bin, spüre ich eine große Angst.

Ich habe Angst vor der bewussten Reise in mich.

Ich habe doch Angst vor der Wahrheit.

Vor allem weiß ich nicht, was mit mir passieren wird.

Sabine, eine blonde Frau um die Vierzig, ist die Mutigste, und will als erste „ihre Zellen erleben".

Unter Elisas Führung geht Sabine mit ihrer Wahrnehmung in ihre Zellen und berichtet, was sie sieht. Sie erzählt von merkwürdigen, geometrischen Figuren. Sie schaut dann eine von diesen Figuren im Detail an.

Ich merke, wie Sabine nach und nach wie in einen Wirbel hineingezogen wird. Denn jedes Detail enthält immer eine neue Figur. Ich sehe, wie Sabine am Rand des Abgrunds ihrer eigenen Angst steht. Ihr wird bewusst, dass sie immer nur an der Lebensoberfläche gelebt hat.

Das ist die Lebenslüge, die sie vierzig Jahre lang nie wahrgenommen hat, und jetzt schreit sie endlich ihre Verzweifelung heraus.

Das ist weder Vortäuschung noch Schauspielerei.

Als Sabine den Kern ihrer Emotion erreicht hat, lässt sie alles fallen. Und klärt ihre Zellen.

Es vergeht eine Weile, die ich nicht mit Zeit fassen kann.

Dann ist alles vorbei.

Als Sabine aufsteht, strahlt ihr Gesicht anders. Als ob sie ein Spielzeug ihrer Kindheit wiedergefunden hätte.

Dann kommt Eva, eine dunkelhaarige Frau um die Sechzig, an die Reihe.

Eva ist eine glückliche Hausfrau und Mutter, obwohl ihr Körper voll Metastasen ist.

Durch die Anschauung ihrer „Datenbank" erlebt Eva, dass ihre Zellen mit Blut durchtränkt sind. Sie erlebt ihre Rachlust, denn sie hat ihr Leben schön hinter der Familie versteckt und ihr wahres Ich nie wirklich erlebt.

Ich staune.

Wie kann eine Person so einen ruhigen und zufriedenen Eindruck erwecken? Und so eine riesige Gewalt unbewusst in sich verbergen?

Ich beobachte meine Abenteuerkameraden weiter. Den ganzen Tag.

Daniel setzt endlich die Maske des „positiv" eingestellten Mannes ab und zeigt seine tiefste Angst.

Chrystel lässt ihre scheinbare Sicherheit fallen und erlebt ihre Verwirrung.

Dann kommen Doris und Ute und Beate.

Alle erleben und zeigen etwas völlig Unerwartetes von sich.

Am Abend spüre ich, dass mein Herz wie verrückt klopft.

Vielleicht verbirgt sich tatsächlich was in mir, das ich nie wahrnehmen wollte.

Wovor ich immer weggerannt bin.

Habe ich mein Leben lang etwas Schreckliches verdrängt?

Als Norbert seine emotionale Klärung beendet hat, kreuzen meine Augen Elisas Blick.

Jetzt bin ich dran.

Elisa setzt sich hinter mich.

Draußen ist es schon dunkel und die Lampe im Seminarraum scheint mir jetzt stark.

Ich schließe automatisch meine Augen.

„Geh mit deiner Wahrnehmung in deinen Körper!", sagt mir Elisa.

Langsam entspanne ich mich und lasse mich ein.

„Was siehst du?"

„Es ist alles sehr dunkel. Ich spüre nur wie mein Herz pocht."

Nach einer Weile sehe ich doch etwas „Jetzt sehe ich in der Dunkelheit ein Licht, ich sehe Lichtschimmer, wie nachts, wenn die Sterne im Himmel funkeln. Die Schimmer pulsieren im Rhythmus meines Herzens."

Ich nehme das Pulsieren wahr.

Langsam weitet sich das Bild und umgibt mich immer mehr.

Dann ist der Sternenhimmel überall.

Ich sehe die Unendlichkeit des Universums in mir.

Ich erschrecke.

Ich sehe mich wie ich bin.

Ich sehe die Macht der Schöpfung in mir.

Ich bin die Schöpfung!

Ich kann mich nicht mehr hinter meiner Unbeholfenheit, meiner Unpassendheit, meiner Ohnmächtigkeit verstecken.

Ich stehe alleine und nehme meine Schöpfungskraft wahr. Sie ist so riesig, dass ich sie nicht ertragen kann.

DAS ERTRAGE ICH NICHT!

Jetzt kann ich mich nicht verstecken! Die Unendlichkeit ist überall.

Wie kann ich sie verneinen?

Ich kann nicht die Augen schließen und wegrennen.

Jetzt soll ich diese Unendlichkeit doch anschauen.

Ich stöhne.

Ich ächze.

Immer lauter.

Ich wehre mich und weigere mich, ich höre meine Stimme, die lauter und lauter schreit und als ich den Kern meiner Emotion erreiche, schüttelt Elisa mich.

BREAK!

Ich lasse alles fallen und atme laut.

Das Bild des Sternenhimmels wird nach und nach verschwommen.

Als es wieder verschwunden ist, öffne ich meine Augen.

Ich liege mit meinem Rücken auf dem Boden.

Wie viel Zeit ist vergangen?

Eine Minute?

Oder eine Stunde?

Ich fühle mich so leer und entspannt.

Vom Boden sehe ich meine Abenteuerkameraden um mich.

Sie lächeln mich an.

„Das Geheimnis des Lebens ist endlich enthüllt", höre ich eine Stimme hinter meinen Schultern.

Hat Elisa das gesagt?

Ich liege noch auf dem Boden und die Vision der Unendlichkeit in mir ist noch sehr präsent.

Jetzt kann ich nur lachen.

Ich lache.

Ich sehe vor mir die Gedanken, die schlaflosen Nächte, die dicht beschriebenen Blätter.

Immer dieselbe Frage: Was ist der Sinn des Lebens?

Alles verschwindet in einem Lachen.

ICH gebe doch meinem Leben einen Sinn. Jeden Augenblick.

Ich lache weiter. Und merke, dass ich weder meine Arme noch meine Beine bewegen kann.

„Eh, was ist los? Ich kann mich nicht mehr bewegen!", ich gerate in Panik und trotzdem lache ich weiter.

Alle lachen mit.

Elisa sagt „Du hast dich auf das Leben eingelassen. Ist das nicht schön?"

Nach einigen Minuten spüre ich, wie meine Glieder wieder funktionsfähig sind.

Dann setze ich mich und langsam stehe ich auf.

„Chiara, geh jetzt durch die Gruppe und sag jedem, dass du ab jetzt, die Nummer eins in deinem Leben hast", spornt mich Elisa an.

Ich habe die Nummer eins in meinem Leben?

Ich habe den ersten Platz in meinem Leben!

Vor allem und vor jedem? Immer?

Kinder stellen sich auch immer auf den ersten Platz.

Daniel sitzt vor mir. Ich nähere mich ihm und schaue in seine Augen.

„Daniel, ab jetzt habe ich die Nummer eins in meinem Leben", meine Stimme klingt noch gebrochen und ich spüre meine weichen Knie.

Daniel guckt mir in die Augen „Ja. Du hast die Nummer eins in deinem Leben."

Ja!

Das sagen mir auch Sabine, und Chrystel, und Norbert …

ICH HABE DEN BERGGIPFEL ERREICHT!

Ich bin da! Ich lebe!

Das ist die kindliche Freude, die ich vergessen hatte.

Diese entspannte Euphorie begleitet mich den ganzen Tag danach.

Bis ich abends wieder am Flughafen von Palma stehe.

Bald fliege ich wieder nach Hause.

Was wird dann passieren?

Wie wird Marco reagieren?
Und Luca?
Und werde ich mir wirklich den ersten Platz geben?

Im Flugzeug schwebe ich wieder im Zweifel.
   Auf einmal scheint mir die emotionale Erfahrung meiner Zellen ganz weit weg.
   Vielleicht habe ich das nur geträumt.

Das Flugzeug landet.
   Mein Herz ist schwer.
   Ich hole meinen Koffer und am Ausgang sehe ich Marco.
   Unsere Blicke kreuzen sich.
   „Chiara, du siehst prächtig aus!"
   Wir umarmen uns.

Nein, das war kein Traum.

Ich erinnere mich an das Jahr der Ziege ...

... liege auf dem Gras und höre das Zirpen der Grillen, das einzige Geräusch in dieser warmen Sommernacht.

Plötzlich bläst ein frischer Wind, der meinen Körper berührt.

Ich öffne meine Augen, über mir der Sternenhimmel, der mich wie eine Decke umwickelt.

Ich sehe winzige Sterne, die wie Diamanten funkeln.

Alles ist mir so klar.

Genau so, wie das erste Mal als ich die Unendlichkeit in mir gesehen und gespürt habe. Als ich für das erste Mal in meine Zellen geschaut habe.

Die Zeit vergeht.

Nach dem Jahr der Ziege kommt das Jahr des Affen und dann des Hahns und dann des Hundes ...

Als ich von Mallorca nach Hause komme, strenge ich mich sehr an.

Ich will unbedingt mein Leben ändern.

Ich tausche meine alten Überzeugungen gegen neue: ich rede viel von Zellen und vom Resonanzgesetz und von Projektionen. Ich identifiziere mich wieder mit meiner Intelligenz und mit meinem Intellektuellsein. Aber dabei ändert sich mein Leben nicht.

Ich gebe mir den ersten Platz und verachte meine Mitmenschen: die anderen wissen und verstehen sowieso nicht, worum es geht. Ich erlebe wieder meine Hochnäsigkeit und meine Arroganz. Aber dadurch ändert sich mein Leben auch nicht.

Ich stelle Elisa auf ein Podest und ahme ihre Art und ihren Stil nach: sie weiß immer, was sie sagt und was sie tut. Ich mache mich wieder klein und dumm. Und dabei ändert sich mein Leben überhaupt nicht.

Ich kämpfe eine Zeit lang weiter.

Alles umsonst.

Irgendwann wird mir bewusst, dass ich wieder in das eine oder andere Programm schlüpfen will und lasse die Anstrengung einfach fallen.

Irgendwann wird es mir bewusst und ich verabschiede mich von meinem „Anderssein", ziehe meine Maske aus und steige von der Bühne.
Endgültig.
Irgendwann wird es mir bewusst und ich achte mich mehr: egal ob ich mich dumm fühle, oder lustig oder traurig. Ich achte mich. Ich nehme immer mehr die unendliche Kaskade von Augenblicken – die das Leben machen – in ihrer Vollkommenheit wahr und hänge immer weniger an der Vergangenheit, an dem „wie alles hätte anders laufen können."

Leben ist, einfach das Leben im Augenblick erleben.
Leben ist, im Augenblick, mich und meine Emotionen erleben.
Ohne zu analysieren, zu beurteilen oder zu erklären.
Leben ist, mich zeigen, wie ich bin. Und dabei vergessen, wie die „Anderen" mich sehen mögen.

Als ich von Mallorca nach Hause komme, will ich weiterhin Ziele erreichen.
Und Resultate sehen: ein perfektes Sehvermögen, eine perfekt funktionsfähige Schilddrüse, eine perfekt harmonische Partnerschaft, einen perfekt traumhaften Job …

Irgendwann wird es mir bewusst und ich erlebe immer mehr meine Emotionen und immer weniger meine Projektionen.
Das ist alles.
Und das ist wirklich einfach.
Schwierig ist nur: die Leichtigkeit ertragen!
Schwierig ist nur: das Leiden loslassen!

Irgendwann wird es mir bewusst und ich erlebe und achte einfach meinen Körper für die unglaubliche Arbeit, die er jede Sekunde leistet.
Ich erlebe und achte meinen Partner, meine mittlerweile zwei Kinder und meine Mitmenschen bewusster.
Ich traue mich immer mehr und tue immer mehr: Ich lehre meine

Muttersprache und zeige dabei meine Person und meine Persönlichkeit, ich schreibe ein Buch und nehme wahr, wie meine Gefühle sich entwickeln und Form nehmen. Ich treffe neue Menschen und mache Sport. Ich sage immer häufiger laut, was ich denke und merke, wie die „Anderen" auch dasselbe spüren. Indem ich offener werde, brauche ich weniger Hoffnung.

Und die kindliche Freude ist wieder da!

Natürlich habe ich noch viele Ängste und viele Hemmungen und viele Programme. Aber jetzt habe ich auch ein *Handwerk*, mit dem ich sie klären kann.

Ja, das ist Leben!

Ich schaue in den Sternenhimmel und atme die milde Luft ein.

Vor vielen Jahren hat Nonna Linda in einer solchen Nacht die Liebe ihres Lebens gefunden.

Und in dieser Nacht spüre ich die Liebe für mich.

Ich darf mich im Spiegel anschauen und meine Schönheit erkennen.

Ich darf mich in die Arme nehmen und mich lieb haben.

Ich darf mein Leben erleben und mein Glück schmieden.

Das ist mir alles erlaubt! Ich muss es nur tun!

Diese Liebesgeschichte kennt keine Angst, keine Verletzung, keine Eifersucht und keine Machtspiele.

Diese Liebe habe ich mein ganzes Leben gesucht: Die Liebe, die mir jeden Augenblick zeigt, dass mein Lebensschlüssel immer bei mir ist.

„Die Wahrheit wird euch befreien", hat einmal Jesus gesagt.

Im Jahr der Ziege habe ich meine Wahrheit gefunden.
MEIN WAHRES ICH.

Literaturhinweise

Folgende Bücher haben meine *Reisen* inspiriert:

William H. Bates „Rechtes Sehen ohne Brille" ISBN 3-87683-171-7

Arthur Schopenhauer „Il primato della volontà" (in italienischer Sprache) ISBN 88-459-1696-0

Paramahansa Yogananda „Die ewige Suche des Menschen" ISBN 0876122357

Erwin Schrödinger „Was ist Leben?" ISBN 978-3492211345

Ilse Elisa Dorandt „Leben. Körper-eMail" ISBN 3-9809870-0-0

Meinen *Lebensschlüssel* habe ich bei Ilse Elisa Dorandt gefunden: www.leben-im-puls.de